曼荼羅グラフィクス

田中　公明
Tanaka Kimiaki

山川出版社

曼荼羅グラフィクス
目次

凡　例

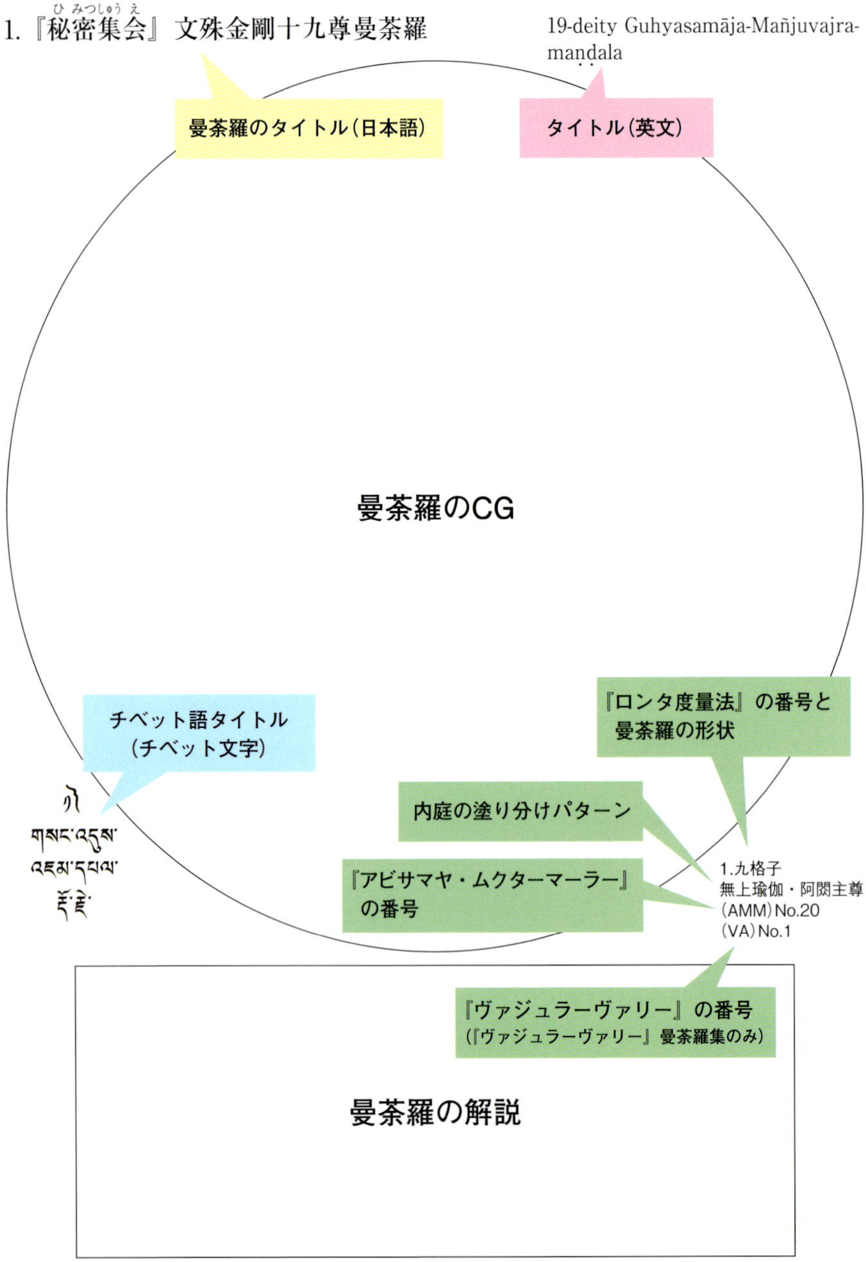
1.『秘《ひ》密《みつ》集《しゅう》会《え》』文殊金剛十九尊曼荼羅
19-deity Guhyasamāja-Mañjuvajra-maṇḍala
曼荼羅のタイトル（日本語）
タイトル（英文）
曼荼羅のCG
チベット語タイトル
（チベット文字）
༡།
གསང་འདུས་
འཇམ་དཔལ་
རྡོ་རྗེ་
『ロンタ度量法』の番号と
曼荼羅の形状
内庭の塗り分けパターン
『アビサマヤ・ムクターマーラー』
の番号
1.九格子
無上瑜伽・阿閦主尊
（AMM）No.20
（VA）No.1
『ヴァジュラーヴァリー』の番号
（『ヴァジュラーヴァリー』曼荼羅集のみ）
曼荼羅の解説

曼荼羅グラフィクス

ミトラヨーギンの一〇八曼荼羅
コンピュータ・グラフィクスを用いた曼荼羅の図像データベース

はじめに

たび重なるイスラム教徒の侵入により、インドで仏教が滅びようとしていた一二世紀の末、ネパールのカトマンドゥ盆地に避難していたインドの密教行者ミトラヨーギンは、トプ訳経官(一一七三〜一二二五)の招聘を受け、一一九八年から九九年にかけてチベットのツァン地方にあるトプ寺に滞在し、彼がマスターしていた曼荼羅の全レパートリーをチベットに伝えた。

この時、ミトラヨーギンが伝えた一〇八種の曼荼羅は、チベットで「ミトラ百種」(ミトラギャツァ)の名で知られるようになった。その後間もなく、インドの仏教は滅亡したため、「ミトラ百種」は、インドで七〇〇年にわたって発展してきた曼荼羅の最後のすがたを示す貴重な伝承となった。

そしてチベットでは、「ミトラ百種」がアバヤーカラグプタ(一一世紀後半〜一二世紀前半)の『ヴァジュラーヴァリー』曼荼羅集と組み合わされ、「ヴァジュラーヴァリーとミトラ」と呼ばれるようになった。これは『ヴァジュラーヴァリー』に説かれる四二種の曼荼羅のほとんどが、「ミトラ百種」と重複していたからである。さらにチベットでは、これら一連の曼荼羅の実修許可を与える灌頂法会が、行われるようになった。その伝統は近代まで存続し、一九三八年にはタシルンポ寺の高僧ガクチエンダルワ・フトゥクトゥ(一八八四〜一九四七)が、北京で中国本土とチベット・モンゴルから参集した五四八名の僧俗に、この灌頂を授けたことが知られる。一九八五年にインドで出版された図像集「ミトラとヴァジュラーヴァリーの主尊の尊像——見る(だけで)利益があるもの」は、この灌頂法会に用いられた曼荼羅の主尊の図像を、北京の法蔵寺で開版したものの復刻版である(以下「法藏寺版」と略)。

ハンビッツ文化財団所蔵の巻子本

このようにチベットでは、「ミトラ百種」の主尊を描いた図像集の存在は知られていたが、「ミトラ百種」曼荼羅集の存在は、いままで確認されていなかった。

ところが一九九一年、著者は鑑定を依頼された邦人のコレクションの中に、四六×五四〇センチと四六×八〇〇センチの二巻からなる巻子本の曼荼羅集があり、その銘文に「マイトリの曼荼羅が全部あり、この他にも十六心滴と内成就無量寿がある」と記されているのを発見した。調査の結果、「マイトリの曼荼羅」とは「ミトラの曼荼羅」の誤記で、この二巻こそ『ヴァジュラーヴァリー』と「ミトラ百種」曼荼羅集の完全なセットであることが判明したのである。

その後、この巻子本は、著者が学術顧問を務める韓国ハンビッツ文化財団の所蔵となり、同財団の公式図録『チベット仏教絵画集成』第二巻(臨川書店、一九九九年)に収録された。さらに二〇〇一年の「タンカの世界」展では日本五カ所の会場を巡回し、二〇〇三年の「Tibetan Legacy」展では、ロンドンの大英博物館でも展示された（以下「ハンビッツ本」と略）。

「ミトラ百種」の文献的典拠と度量法

これに先立つ一九八八年、著者はチベット仏教の学僧ロンタ（一八六五〜二〇世紀初頭）が著した『ヴァジュラーヴァリーとミトラ等の儀軌《ぎき》に説かれる守護尊と四部タントラの曼荼羅それぞれの内部の度量法の相違点の解説——図像を飾る挿口花』（一九七八年、デリー、以下『ロンタ度量法』と略）を入手し、この曼荼羅集の存在を知ったが、典拠となる文献や曼荼羅集の作例を知らなかったため、さらに研究を進めることはできなかった。

いっぽう森雅秀氏（金沢大学助教授）は、『チベット大蔵経』に収録されるミトラヨーギンの『アビサマヤ・ムクターマーラー』と『パトラ・ラトナマーラー』が、「ミトラ百種」の典拠であることを明らかにした。このうち『アビサマヤ・ムクターマーラー』は諸尊の図像・配置・観想法などを説き、『パトラ・ラトナマーラー』は一〇八種の曼荼羅の題名と尊数を略述しているが、ハンビッツ本の存在がまだ知られていなかったため、これらには説かれない曼荼羅の度量法や細部のデザインについては、考察を進めることができなかった。

なお森氏の研究とハンビッツ本、さらに『ロンタ度量法』を比較すると、いままで不明だったチベットにおける曼荼羅の度量法・デザイン・内庭の塗り分けを詳しく知ることができる。このようにハンビッツ本は、チベットの曼荼羅を研究するうえで、またとない貴重な資料であることがわかったのである。

ハンビッツ本の概要

それではハンビッツ本の内容を概観してみよう。『アビサマヤ・ムクターマーラー』には一〇八種の曼荼羅が説かれるが、ハンビッツ本では、『ヴァジュラーヴァリー』の巻に四五種、「ミトラ百種」の巻に六五種の曼荼羅が描かれている。そこで各々の曼荼羅を指摘する場合は、『ヴァジュラーヴァリー』の一番をV-1、「ミトラ百種」の三番はM-3というように表記したい。なお二巻の間では、スタイルに若干の相違が見られるが、両者には重複する曼荼羅が一つも見られないので、この二巻は、当初から一具をなしていたと推定される。

また両巻に描かれる曼荼羅を合計すると一一〇点になり、『アビサマヤ・ムクターマーラー』所説の一〇八点より二点多くなる。銘文に「マイトリの曼荼羅が全部あり、この他にも十六心滴と内成就無量寿がある」とあるのは、曼荼羅の総数が一〇八ではなく、一一〇種になる理由を説明したものと思われるが、実際には十六心滴と内成就無量寿の曼荼羅は、ハンビッツ本には含まれていない。なお『アビサマヤ・ムクターマーラー』とハンビッツ本の比較については、本書のコンピュータ・グラフィクス（以下CGと略）の曼荼羅の個別解説を参照されたい。

いっぽう『ヴァジュラーヴァリー』は、インド密教の巨匠アバヤーカラグプタが曼荼羅の儀礼を集大成した著作で、二六種の曼荼羅を詳しく解説している。ところが森雅秀氏によれば、これに主尊などを変更した変型を加えると四二種になり、さらに『クリヤーサムッチャヤ』(阿闍梨所作《あじゃりしょさ》集成)に説かれる三種(V-43~45)の曼荼羅を加えると、四五種になるという。

またアバヤーカラグプタは、『ヴァジュラーヴァリー』の関連儀軌として『ニシュパンナヨーガーヴァリー』と『ジョーティルマンジャリー』を著した。このうち『ニシュパンナヨーガーヴァリー』は、『ヴァジュラーヴァリー』と同じ二六種の曼荼羅について、諸尊の尊容を詳述している。したがって曼荼羅に描かれる諸尊の図像に関しては、本書でも主として『ニシュパンナヨーガーヴァリー』を参照した。

いっぽうチベット仏教ゲルク派の高僧、チャンキャ二世・ガクワンロサンチューデン(一六四二~一七一四)は、『ニシュパンナヨーガーヴァリーとヴァジュラーヴァリーの二つの儀軌作法次第を簡便にまとめたもの』を著し、『ヴァジュラーヴァリー』所説の二六種に一九種を加えた四五種の曼荼羅について、詳細な解説を加えている。

現在世界各地に所蔵される作例は、これと同じ四五種を描いたもので、一幅に一点から四点の曼荼羅を描いたタンカ(軸装仏画)やツァカリ(彩色画片)のセットが複数存在することが知られている。このうち現存最古の作例は、一五世紀初めにツァン地方のゴル寺で製作されたタンカ・セットであるが、チベット動乱から文化大革命にかけて流出・散逸してしまった。

これに対してハンビッツ本は近代の作であるが、巻子本であったため散逸を免れ、すべての曼荼羅が揃っている。また各曼荼羅の左下隅に、ウチェン文字(チベット文字の楷書体)で題名が記入されているのも貴重である。それによると『ヴァジュラーヴァリー』の巻は、チベットで一般的な無上瑜伽《ゆが》・瑜伽・行《ぎょう》・所作の四種タントラの分類に従って、『秘密集会《ひみつしゅうえ》』文殊金剛十九尊曼荼羅(V-1)から仏頂尊勝三十三尊曼荼羅(V-45)まで、四五点の曼荼羅を描いている。このうち規模が大きい法界語自在《ほっかいごじざい》曼荼羅(V-39)のみは二段打ち抜きとなるが、他の四四点はすべて二段に描いている。

いっぽう「ミトラ百種」の巻は、『ヴァジュラーヴァリー』とは逆に所作・行・瑜伽・無上瑜伽の順で、弁才天十三尊曼荼羅(M-1)から四臂《しひ》マハーカーラ九尊曼荼羅(M-65)までの六五種を描いている。なお「ミトラ百種」では、曼荼羅の題名に加えて尊数も記入されている。これは、同一の尊格を主尊とする曼荼羅を区別するのに有益で、六五種の曼荼羅を同定するのに役だった。なお曼荼羅の配列は『アビサマヤ・ムクターマーラー』には一致せず、曼荼羅の主尊を描いた法蔵寺版に一致する。

チベットの曼荼羅のパターン類型

前述の『ロンタ度量法』は、『ヴァジュラーヴァリー』と「ミトラ百種」に含まれる曼荼羅の楼閣内部のパターンを、四九の類型に分類している。そしてロンタの記述とハンビッツ本を対照すると、チベットの曼荼羅の楼閣内部のデザインは、基本的に、蓮華、輪、九格子という三種の基本パターンと、その組み合わせからなることが明らかになった。

このうち「蓮華」は、楼閣中の蓮華の花芯上に主尊を描き、周囲の蓮弁上に眷属《けんぞく》尊を配するもので、蓮弁の数は八葉が一般的だが、チベットには四葉のパターンもある。なお日本では、同じデザインが胎蔵界曼荼羅の中台八葉院に見られる。また八葉蓮華を三重に組み合わせたパターン(M-6)もあるが、日本にも同じパターンが別尊曼荼羅の一つ、仏眼《ぶつげん》曼荼羅に見られるのは興味深い。

いっぽう「輪」は、車輪の轂《こしき》に主尊、輻《や》の部分に眷属尊を配するもので、輻の数によって四輻輪、六輻輪、八輻輪、十二輻輪などの別がある。なお日本では、このタイプの曼荼羅は作例が少ないが、別尊曼荼羅の一つ、大輪明王曼荼羅は八輻輪曼荼羅の典型例である。なお故酒井眞典博士は、八輻輪曼荼羅は『理趣経《りしゅきょう》』系であると指摘したが、大輪明王曼荼羅も、『理趣経』の入大輪《じゅうだいりん》曼荼羅の発展形態である。

なお日本では輪を法輪の形状に描き、諸尊を輻間に配するが、チベットでは武器のチャクラ(日本の手裏剣のように敵に投げつける輪)の形状に描き、諸尊も輻上に描くことが多い。チャクラの形状の曼荼羅は、チベットだけでなく敦煌の密教画にも見られるので、インドに起源を有するものと思われる。

さらに「九格子」は、輪円あるいは方形を井桁で区切り、九つの区画に諸尊を配するものである。チベットでは、金剛界曼荼羅や『秘密集会』曼荼羅など、広義の『金剛頂経』系の曼荼羅に数多く見られる。

また複雑な形状の曼荼羅には、これらの基本パターンの組み合わせが見られる。具体例を挙げると、チャクラサンヴァラ六十二尊曼荼羅(V-19)では、三重の八輻輪の中心に八葉蓮華が描かれる。また金剛界系の一切義成就曼荼羅(M-32)では、九格子の中心に四葉蓮華が描かれている。

これに対してパンチャダーカ(V-9)やシャトチャクラヴァルティン(V-26)曼荼羅は、大きな楼閣の中に複数の小さな楼閣を配置した複合型と見ることができる。なお『アビサマヤ・ムクターマーラー』は、複合型を構成する各々の楼閣を、それぞれ別個の曼荼羅として扱うが、ハンビッツ本は、『ヴァジュラーヴァリー』曼荼羅集の他作例と同じく、複合型も一つの曼荼羅として描いている。

チベットでは、この他にもヤマーンタカ(大威徳明王)の曼荼羅には羯磨《かつま》金剛(V-4、M-42)、ナーローパ流のダーキニー曼荼羅はカゴメ型というように、ユニークな形状の曼荼羅が伝えられるが、これらは例外的なものといえる。

さらに身口意具足《しんくいぐそく》時輪曼荼羅(V-36)は、チベットに伝えられる数多い曼荼羅の中でも、最も規模が大きい。この曼荼羅の度量法や楼閣各部分のデザインには、通常の曼荼羅と異なる点が多いが、ハンビッツ本は、楼閣や外周部のデザインを他の曼荼羅と同じ様式で描いている。

チベットの曼荼羅は、日本の曼荼羅にはない円形の外郭構造をもっている。そのため日本のものと著しく異なった印象を与えるが、日本の曼荼羅に対応する楼閣内部のデザインには、共通点が多いことがわかった。とくに蓮華、輪、九格子の三要

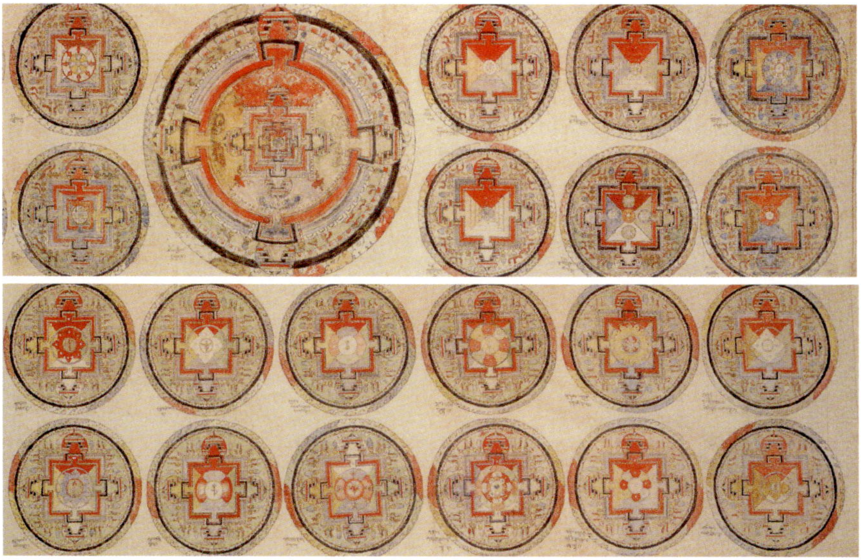

『ヴァジュラーヴァリー』(上)と「ミトラ百種」(下)の巻(韓国ハンビッツ文化財団)

素が、それぞれ胎蔵、『理趣経』、金剛界系の曼荼羅を特徴づけるものであることは興味深い。

内庭の塗り分けパターン

それではつぎに、曼荼羅の内庭の塗り分けを概観しよう。なお本書では一四、一五ページに、曼荼羅の主な塗り分けパターンを示した図を掲載した。あわせて参照されたい。

チベットの曼荼羅は、内庭の中心部と四方を、対応する五仏の身色にしたがって五色に塗り分ける。五仏の身色は、毘盧遮那《びるしゃな》(白)・阿閦《あしゅく》(青)・宝生《ほうしょう》(黄)・阿弥陀《あみだ》(赤)・不空成就《ふくうじょうじゅ》(緑)とするのが一般的だが、タントラによっては異なる配当が説かれることもある。

金剛界系の瑜伽タントラでは毘盧遮那が主尊となるので、内庭の塗り分けは中央(白)毘盧遮那・東(青)阿閦・南(黄)宝生・西(赤)阿弥陀・北(緑)不空成就となる(図のA)。この塗り分けは、ハンビッツ本では所作タントラに九、瑜伽タントラに九、無上瑜伽タントラに三となっており、瑜伽タントラだけでなく、初期密教系の所作タントラにも用いられている。いっぽう瑜伽タントラの主尊が、毘盧遮那から阿弥陀に入れ替わると、中央と西の色が交代する(図のB)。これは阿弥陀如来を部主とする蓮華部の曼荼羅の特徴で、ハンビッツ本では大悲観音十三尊(M-8)と無量寿十三尊(M-24)の二種に用いられる。

これに対して後期密教系の無上瑜伽タントラは阿閦を主尊とするので、中央(青)阿閦・東(白)毘盧遮那・南(黄)宝生・西(赤)

阿弥陀・北（緑）不空成就となる（図のE）。この塗り分けは最も数が多く、ハンビッツ本では七一例に採用されている。その内訳は所作タントラに二一、行《ぎょう》タントラに二、瑜伽タントラに一〇、無上瑜伽タントラに四七となっており、無上瑜伽タントラだけでなく、初中期密教系の曼荼羅にも広く用いられている。

いっぽうハンビッツ本では、無上瑜伽タントラの主尊が阿閦から阿弥陀に入れ替わったパターンが二例存在する（図のF）。クルクッラー（V-12）と馬頭蓮華舞自在十八尊（M-63）は、いずれも無上瑜伽系ながら蓮華部の尊格を主尊としている。

さらにハンビッツ本では、無上瑜伽タントラの主尊が阿閦から宝生に入れ替わったパターンも五例存在する（図のG）。このうちヴァジュラターラー（V-13）、ヴァスダーラー（V-43）、黄色ジャンバラ（M-5）の三尊は、宝生を部主とする。いっぽうパンチャラクシャー十三尊曼荼羅（V-42）は、五方に配されるパンチャラクシャーの身色に従っている。釈迦牟尼三十五尊曼荼羅（M-6）は、曼荼羅の四方を、四大洲の色に一致させたと思われる。

また後期密教の中でも最も遅れて成立した『時輪タントラ』の曼荼羅（V-36）は、中央（青）阿閦・東（黒）不空成就・南（赤）宝生・西（黄）毘盧遮那・北（白）阿弥陀という、従来とは全く異なる塗り分けを採用している（図のD）。

さらにハンビッツ本では毘盧遮那文殊金剛四十三尊（V-3）、四種のヘーヴァジュラ九尊曼荼羅（V-5〜8、図のH）、ブッダカパーラ九尊（V-32）、ジュニャーナダーキニー十三尊（V-35）、『理趣《りしゅ》広経《こうきょう》』六十一尊曼荼羅（M-34）の八種が、上記の類型に属さない独自の塗り分けパターンをもっている。

この中には絵師の描き誤りと思われるものも、いくつか存在するが、調査の結果、所依の経典や『ニシュパンナヨーガーヴァリー』などの記述に合致することが確認されたものもある。

一例を挙げると、毘盧遮那文殊金剛曼荼羅は、無上瑜伽タントラでありながら毘盧遮那を主尊とするので、瑜伽タントラと同じ塗り分けを採用した作例が多いが、ハンビッツ本では、中央（白）・東（青）・南（赤）・西（白）・北（緑）という塗り分けを採用している。この曼荼羅の典拠である『マーヤージャーラ・タントラ』（瑜伽大教王経）は、四仏の身色を阿閦（青）・宝生（赤）・阿弥陀（白）・不空成就（緑）と規定しており、ハンビッツ本の塗り分けは、これに従ったものと考えられる（図のC）。

このようにハンビッツ本の内庭の塗り分けには、他の作例と異なる点が見られるが、これらの多くには文献的な典拠があり、本作品が、曼荼羅についての深い知識をもつ阿闍梨によって編集されたことを物語っている。

CGによる曼荼羅の図像データベース

このようにハンビッツ本は、曼荼羅一点の直径が約二〇センチ、スケッチに淡彩を施しただけの作品ではあるが、曼荼羅の研究上、貴重な資料であることが明らかになった。そこで著者は、この曼荼羅集から楼閣内部のパターンや内庭の塗り分けなどの図像情報を抽出して、CGによる図像データベースの構築を思い立った。

曼荼羅、とくにチベット・ネパール系の曼荼羅は、上下左右完全対称の幾何学的プランをもち、一定のパターンが繰り返し現れるという特徴がある。また図像を正確に記録しなければならない曼荼羅集では、個々の曼荼羅の相違点を正しく描き分けるとともに、すべての曼荼羅に共通な要素は、判で押したように一様に表現することが望ましい。そのような点で、曼荼羅の図像データベースは、CGに最適なモチーフといえる。

CGのソフトウェアは、ドロー系とペイント系に大別される。ドロー系のソフトは、データを座標系で記述するため、どのような高解像度でも、なめらかな円や曲線が出力できるという利点がある。しかしドロー系ソフトで高解像度のCGを制作した場合、かなりのCPUパフォーマンスを必要とする。

またドロー系ソフトの間では、完全なデータの互換性が保証されていない。とくに複雑なグラデーションやテクスチャーを含む曼荼羅では、データをコンバートすると、いちいちのグラデーションの階層やテクスチャーの部分が、複雑なポリゴンに分解され、データが厖大に膨れ上がってしまうことがある。

これに対してペイント系ソフトはGIF、BMP、TIFなど、色数や解像度に応じて、いくつもの共通フォーマットがあり、データの互換性が保証されている。またグラデーションやテクスチャーもピクセルとして出力されるので、CPUに負担をかけることがない。

そこで著者は、複雑なプランをもつ曼荼羅の輪郭線のみをドロー系ソフトで制作した後、これをプリントアウトするサイズによって適当な画素数の画像データに落とし、グラデーションやテクスチャーを含む彩色は、ペイント系ソフトで行うという方式を採用した。

この方式では、将来コンピュータやプリンターのパフォーマンスが向上し、さらに大きな画素数のデータが制作できるようになっても、ドロー系ソフトで制作したデータはそのまま、あるいは若干の改良を加えるだけで使い回すことができる。なお一八〇〇万ピクセルのデータでは、現在市販されている最大のプリンターで一メートル一〇センチ四方にプリントアウトしても、ピクセル・データであることによる画面のギザギザは、よほど注意して見ないと気づかない。

なお『ヴァジュラーヴァリー』は、曼荼羅を構成する各部分のデザインを詳細に規定しているが、『アビサマヤ・ムクターマーラー』は、楼閣についてほとんど記述していない。したがってハンビッツ本に表現されない楼閣の細部に関しては、かなりの推定復元が必要になった。

ハンビッツ本と『ヴァジュラーヴァリー』の規定が相違する場合には、明らかな描き間違いを除いて、原本の表現を優先させた。しかしハンビッツ本の銘文に記述される尊数と、曼荼羅に描かれる諸尊の座位の数が一致しない場合は、他作例を参照して、適当な位置に不足している座位を補った。

いっぽう楼閣の内庭は、曼荼羅集などの小品では、しばしば単色のベタ塗りとなるが、本作品では主として「ゴル曼荼羅集」を参照しつつ、複数のテクスチャーを制作し、適宜使い分けた。これは同じパターンの曼荼羅に変化を与えるためである。また内庭にシンボルを描く曼荼羅では、テクスチャーを淡色のものにして、三昧耶形《さんまやぎょう》を識別しやすくした。

CG曼荼羅の展示

著者が制作した曼荼羅のCGは、日本全国五会場を巡回したハンビッツ文化財団の「タンカの世界」展にあわせて刊行された『タンカの世界』(山川出版社、二〇〇一年)のイラストとして、はじめて使用されたが、一点あたりの画素数は一三〇万ピクセルに過ぎなかった。

これに対して、著者が主任学芸員を務める富山県南砺市利賀村「瞑想の郷」の二〇〇三年度企画展に展示した作品では、画素数が三倍以上の五〇〇万ピクセルになったが、染料系のプリンターで印刷したため、褪色のため半年で撤去せざるをえなかった。

さらに二〇〇四年には、ネパール王国のポカラにオープンした国際山岳博物館に数点の曼荼羅が出品され、大倉集古館「曼荼羅の世界」展(二〇〇五年四月)に『ヴァジュラーヴァリー』曼荼羅集の四五点が展示されるなど、各地の博物館・美術館に出品され、好評を博している。

そこで著者は、複雑な構造をもつ曼荼羅の解像度を一八〇〇万ピクセルに上げるなど、データにさらなる改良を加えるとともに、褪色しにくい顔料系インクで印刷して、二〇〇六年から「瞑想の郷」の恒久的な展示物として公開し

「瞑想の郷」における展示状況

た。その展示方法は、一〇八点のうち規模の大きい法界語自在(V-39)、シャトチャクラヴァルティン(V-26)、パンチャダーカ(V-9)、身口意具足時輪(V-36)の四点を、それぞれ北・東・西・南の四面の中央に大きく掲示し、他の一〇四点を、その周囲に配することにした(写真参照)。

本書の構成

本書は、韓国ハンビッツ文化財団所蔵の巻子本に基づくチベット系曼荼羅のCGを、一般読者にも利用しやすいコンパクトな図鑑としたものである。

カラーページにはCGの曼荼羅を掲載し、その下には一点あたり五〇〇字弱の簡単な解説を付した。またCGの左下隅には、チベット語のタイトルを入れた。これはハンビッツ本に記入された銘文を、チベット文字のフォントで転写したものである。この中には誤りと思われる記述も含まれているが、明らかな誤記以外は訂正しなかった。ただし特定の綴字を省略して記す縮写字は、正則綴字に改めた。

左上には、日本語のタイトルを入れた。チベット仏教には、「阿弥陀」「観音」「不動」など、日本でも信仰される尊格が数多く含まれている。これらについては日本と同じ漢字表記を用いたが、日本に対応するものがない後期密教系の尊格は、サンスクリット尊名をカタカナで音写した。またサンスクリット原典が失われ、原語が明らかでないものは、チベット名のカタカナ音写や漢字による意訳を採用した。

いっぽう右上には英文のタイトル、右下には①『ロンタ度量法』による曼荼羅の類型の番号と形状、②内庭の塗り分けパターン、③『アビサマヤ・ムクターマーラー』(AMM)と『ヴァジュラーヴァリー』(VA、『ヴァジュラーヴァリー』の巻のみ記載した)に説かれる番号を記載した(凡例参照)。

曼荼羅は、単に絢爛で美しいだけでなく、その中には仏教の思想と世界観が織り込まれている。また近年は、世界の真実相を開示したコスモグラム、人間の心理を図示したサイコグラムとしても注目されるようになった。いっぽう商業的には、書籍のカット・イラストやポスターなどのデザイン、さらに塗り絵やジクソーパズルなどの素材としても根強い人気がある。

しかしチベット仏教の曼荼羅は、一九五九年のチベット動乱と、その後の文化大革命によって、多数の優品が国外に流出し、曼荼羅集のような基礎資料も、その多くが散逸してしまった。そのため海外に所蔵される曼荼羅の中には、作品のタイトルさえわからなくなってしまったものも多い。

それだけに、インドにおける曼荼羅の最後の姿を伝えるミトラの一〇八曼荼羅を、すべて収録する本書の利用価値は高い。今回の出版が、チベット仏教の曼荼羅について、正しい知識を普及させることを期待している。

なお本書は啓蒙書としての性質上、学術的な脚注等はすべて省略した。曼荼羅について、専門的な情報を必要とされる読者は、巻末の「参考文献」に挙げた文献・研究書・論文を参照されたい。

内庭の塗り分けパターン(1)

C 『マーヤージャーラ』

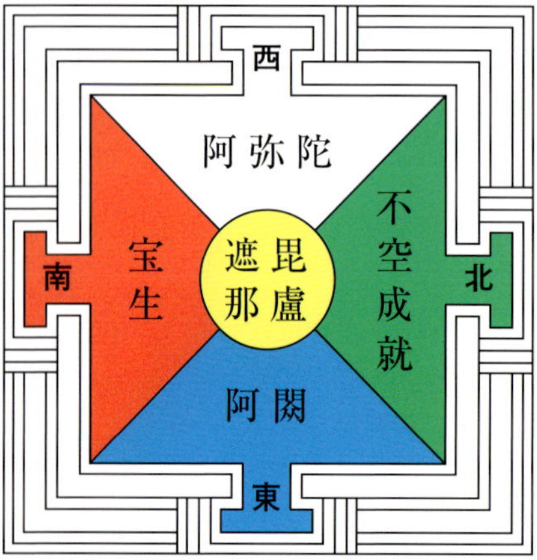

A 瑜伽タントラ

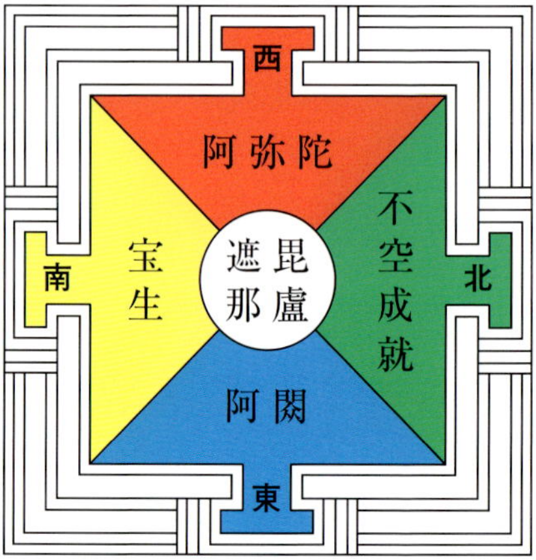

D 『時輪タントラ』

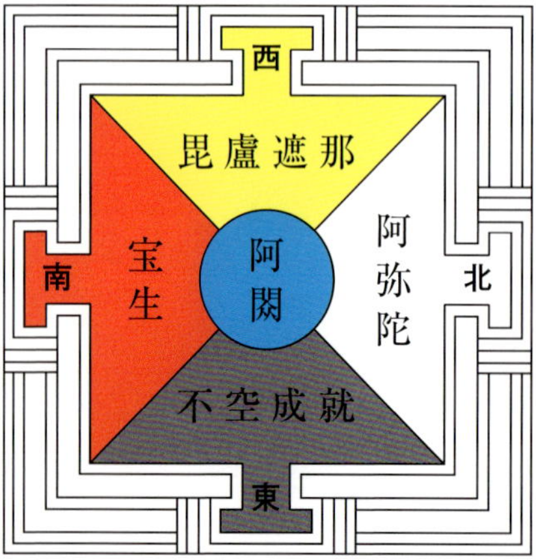

B 瑜伽タントラ(阿弥陀主尊)

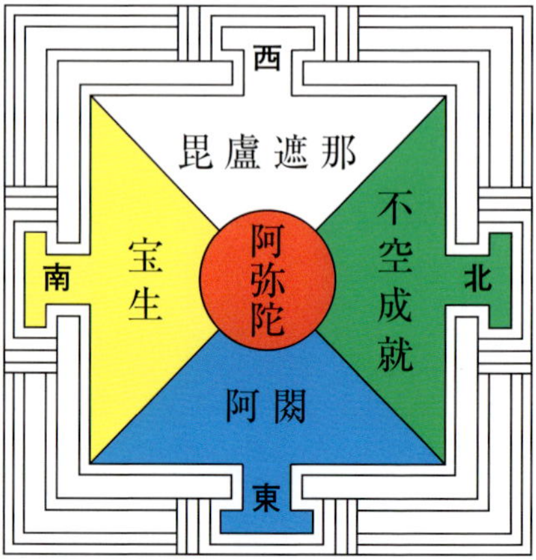

内庭の塗り分けパターン(2)

G　無上瑜伽タントラ(宝生主尊)

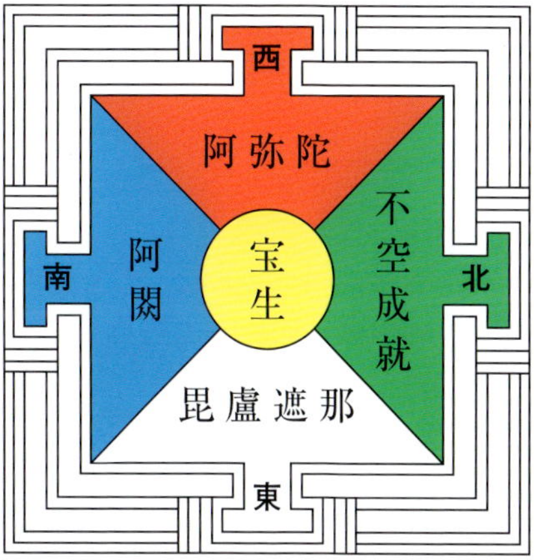

E　無上瑜伽タントラ

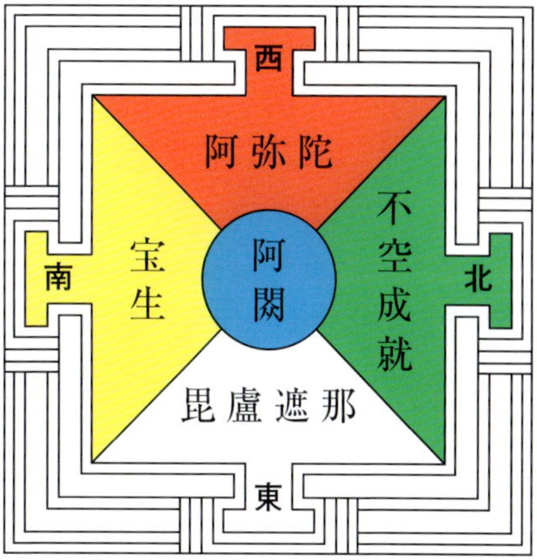

H　ヘーヴァジュラ九尊

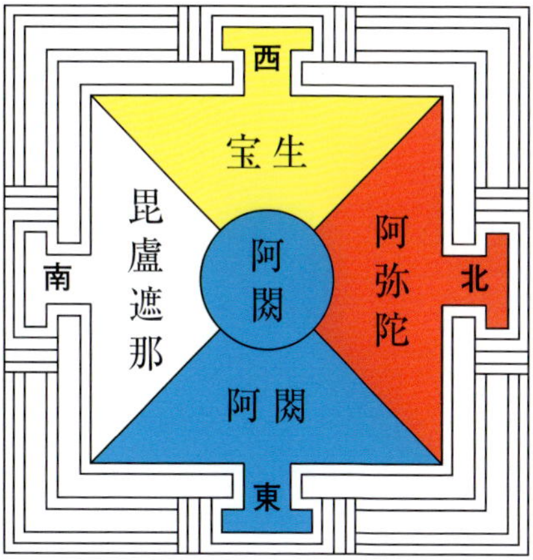

F　無上瑜伽タントラ(阿弥陀主尊)

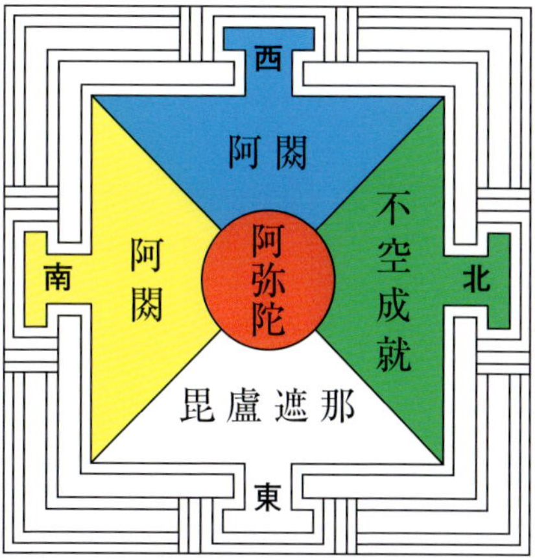

『ヴァジュラーヴァリー』曼荼羅集

『ヴァジュラーヴァリー』の著者アバヤーカラグプタ

1.『秘密集会《ひみつしゅうえ》』文殊金剛十九尊曼荼羅

19-deity Guhyasamāja-Mañjuvajra-maṇḍala

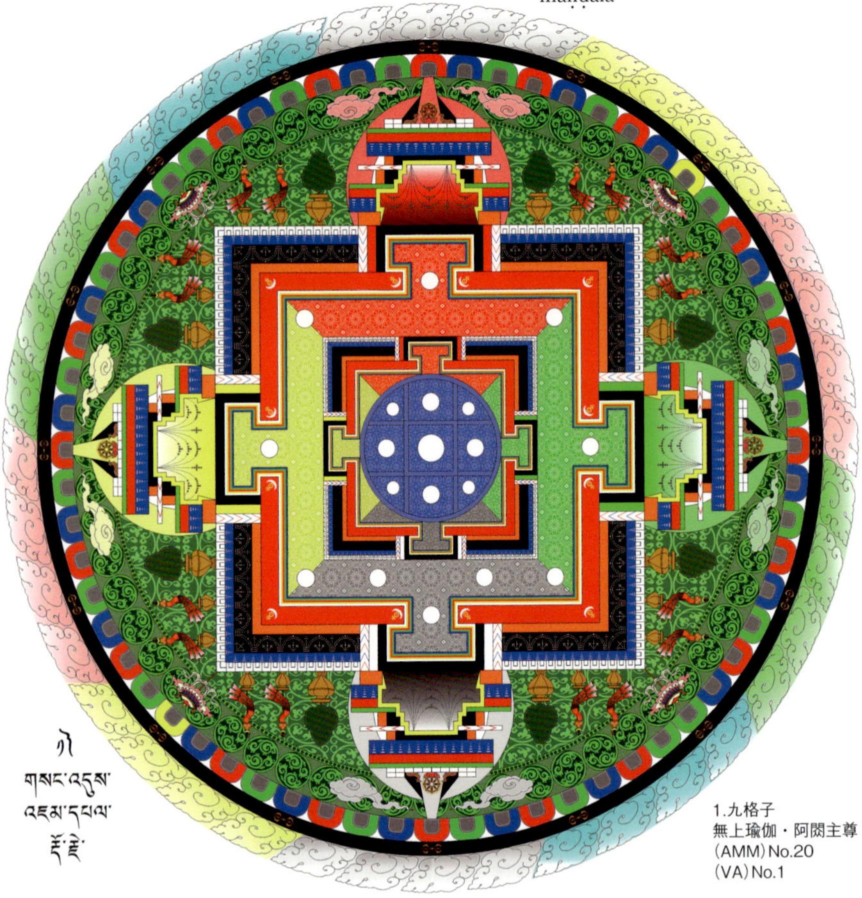

༡༽
གསང་འདུས་
འཇམ་དཔལ་
རྡོ་རྗེ་

1.九格子
無上瑜伽・阿閦主尊
(AMM) No.20
(VA) No.1

『秘密集会タントラ』は、後期密教を代表する密教聖典である。『秘密集会』には聖者流《しょうじゃりゅう》・ジュニャーナパーダ流という二大解釈学派があるが、本曼荼羅は、このうちジュニャーナパーダ流に属する。中心部は九格子の形状で、主尊の四方に毘盧遮那《びるしゃな》(東)・宝幢《ほうどう》(南)・阿弥陀《あみだ》(西)・不空成就《ふくうじょうじゅ》(北)の四仏、四維には仏眼《ぶつげん》(東南)・マーマキー(西南)・白衣《びゃくえ》(西北)・ターラー(東北)の四仏母を配する。その外側には色金剛女《こんごうにょ》(東南)・声《しょう》金剛女(西南)・香金剛女(西北)・味金剛女(東北)・触《そく》金剛女(東門の北)・法界《ほっかい》金剛女(東門の南)の六金剛女、四門にはヤマーンタカ(東)・プラジュニャーンタカ(南)・パドマーンタカ(西)・ヴィグナーンタカ(北)の四忿怒《ふんぬ》を加え、19尊から構成されている。内庭は、阿閦《あしゅく》を主尊とする無上瑜伽《ゆが》タントラの塗り分けとなるが、このパターンは無上瑜伽系の他の曼荼羅にも、広く用いられるようになった。なおハンビッツ本は、本曼荼羅を、通例に反して二重楼閣で描いている。また六金剛女の座位を欠いていたが、本作品では『ニシュパンナヨーガーヴァリー』によって補った。

2.『秘密集会《ひみつしゅうえ》』阿閦《あしゅく》金剛三十二尊曼荼羅

32-deity Guhyasamāja-Akṣobhya-maṇḍala

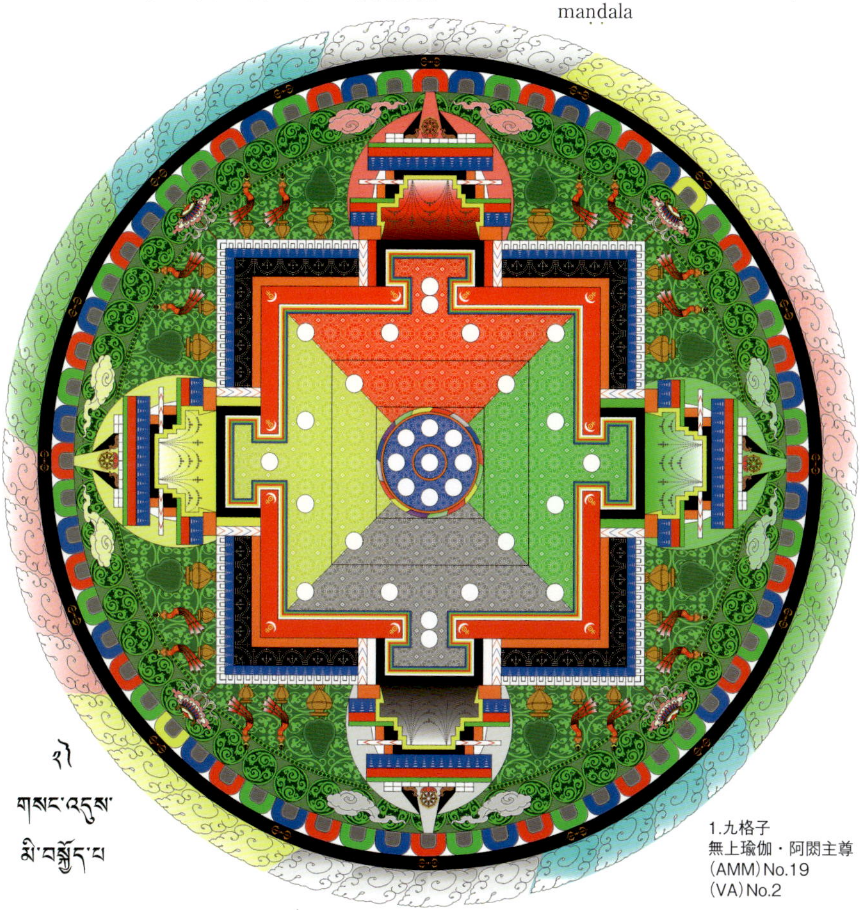

༢༽
གསང་འདུས་
མི་བསྐྱོད་པ

1.九格子
無上瑜伽・阿閦主尊
(AMM)No.19
(VA)No.2

この曼荼羅は、『秘密集会』の二大解釈学派の一つ、聖者流《しょうじゃりゅう》に属する。本曼荼羅は九格子の形状で、その中心に3面6臂《ひ》の主尊阿閦《あしゅく》金剛と触金剛女《そくこんごうにょ》の父母仏を描き、その四方に毘盧遮那《びるしゃな》(東)・宝幢《ほうどう》(南)・阿弥陀《あみだ》(西)・不空成就《ふくうじょうじゅ》(北)の四仏、四維には仏眼《ぶつげん》(東南)・マーマキー(西南)・白衣《びゃくえ》(西北)・ターラー(東北)の四仏母を配する。内院の四隅には色金剛女(東南)・声《しょう》金剛女(西南)・香金剛女(西北)・味金剛女(東北)を配し、外院には弥勒《みろく》・地蔵(東)・金剛手・虚空蔵《こくぞう》(南)・観音・文殊(西)・除蓋障《じょがいしょう》・普賢《ふげん》(北)の八大菩薩と、ヤマーンタカ(東)・プラジュニャーンタカ(南)・パドマーンタカ(西)・ヴィグナーンタカ(北)・不動(東南)・タッキラージャ(西南)・ニーラダンダ(西北)・大力《だいりき》(東北)・仏頂転輪王(上)・孫婆《そんば》(下)の十忿怒《ふんぬ》を加え、合計32尊から構成される。なおハンビッツ本の度量法と四門のデザインは、聖者流の伝統とは相違するが、本作品では原本を尊重して変更を加えなかった。いっぽう内庭は、阿閦を主尊とする無上瑜伽《ゆが》タントラの塗り分けを採用している。

3. 毘盧遮那《びるしゃな》文殊金剛四十三尊曼荼羅　43-deity Vairocana-Mañjuvajra-maṇḍala

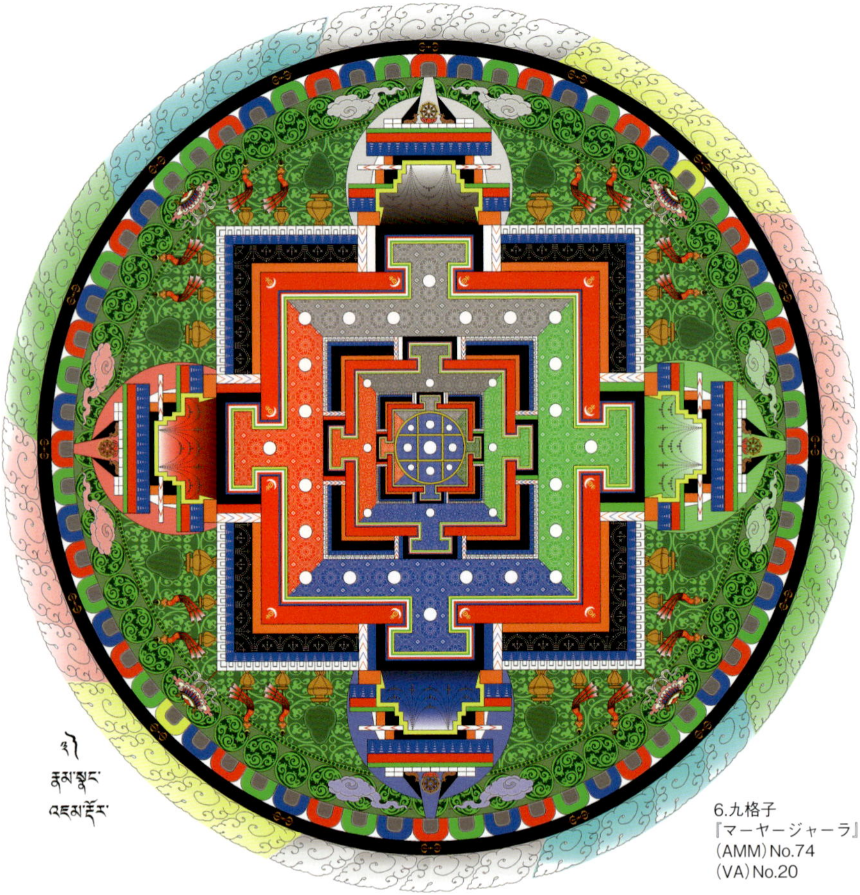

6.九格子
『マーヤージャーラ』
(AMM)No.74
(VA)No.20

本曼荼羅は『マーヤージャーラ・タントラ』に説かれるもので、三重の楼閣中に描かれた九格子の中心に、3面6臂《ひ》の文殊金剛を主尊として描き、その四方には阿閦《あしゅく》(東)・宝生《ほうしょう》(南)・阿弥陀《あみだ》(西)・不空成就《ふくうじょうじゅ》(北)の四仏、四維には四仏母を配する。なお主尊を毘盧遮那文殊金剛と呼ぶのは、『秘密集会《ひみつしゅうえ》』の文殊金剛が阿閦に相当するのに対し、本曼荼羅では毘盧遮那に対応するからである。その外側の第二院には、四方に四波羅蜜、四維にはチュンダー(東北)・ラトノールカー(東南)・ブリクティー(西北)・ヴァジュラシュリンカラー(西北)の4女尊、第三院には賢劫《けんごう》十六尊(金剛界曼荼羅と若干異なる)と十忿怒《ふんぬ》(『秘密集会』とほぼ同じ)を配して、合計43尊から構成されている。なお『アビサマヤ・ムクターマーラー』は本曼荼羅の尊数を42尊とするが、『パトラ・ラトナマーラー』に基づいて43尊に訂正した。いっぽう内庭は、他作例では毘盧遮那を主尊とする瑜伽《ゆが》タントラの塗り分けとするが、ハンビッツ本は『マーヤージャーラ』に基づく独自の塗り分けを採用している。

4. クリシュナヤマーリ十三尊曼荼羅　13-deity Kṛṣṇayamāri-maṇḍala

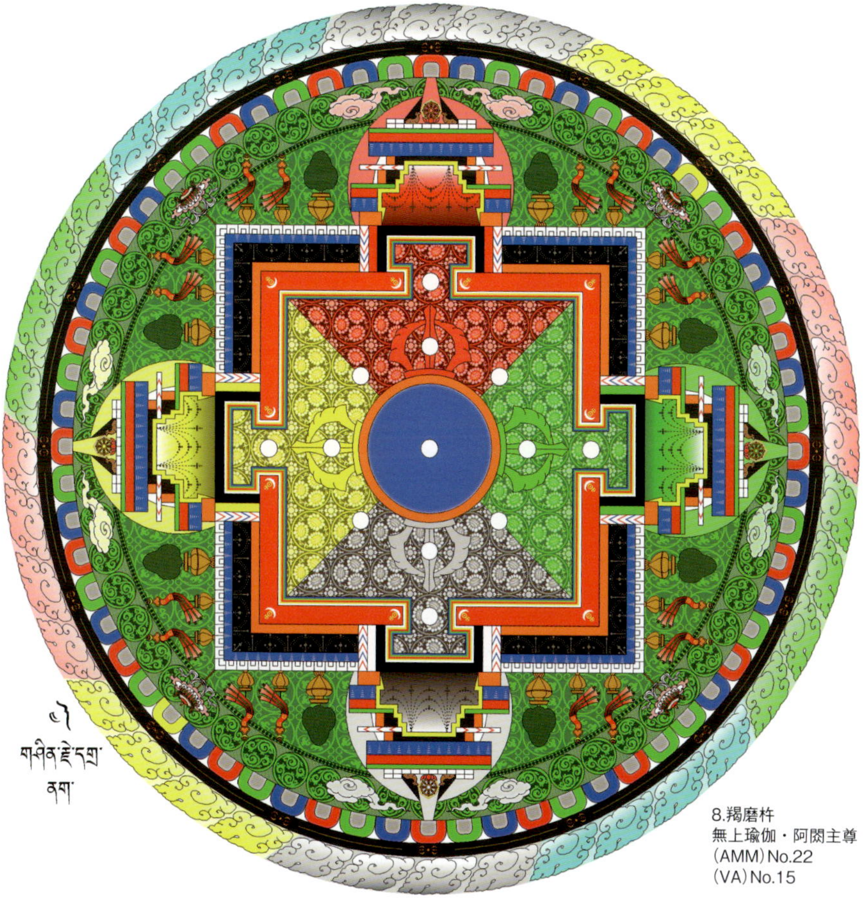

༄། གཤིན་རྗེ་དགྲ་ནག་

8.羯磨杵
無上瑜伽・阿閦主尊
(AMM)No.22
(VA)No.15

クリシュナヤマーリとは「黒いヤマ神の敵」を意味し、日本の大威徳明王に相当するヤマーンタカの一種である。チベットでは、ラクタヤマーリ・クリシュナヤマーリ・ヴァジュラバイラヴァの３尊を「赤黒怖畏の三種ヤマーンタカ」(シンジェ・マルナクジクスム)と呼び、仏敵を退治する調伏法の本尊とした。本曼茶羅は、羯磨《かつま》金剛の形状をした四輻輪で、その中心に身色青色で、妃のヴァジュラヴェーターリーを伴う３面６臂《ひ》の主尊クリシュナヤマーリを描き、四方の鈷上にモーハヤマーリ(東)・マトサルヤヤマーリ(南)・ラーガヤマーリ(西)・イールシャーヤマーリ(北)、四維の輻間にチャルチカー(東南)・ヴァーラーヒー(西南)・サラスヴァティー(西北)・ガウリー(東北)を配する。さらに四門には、ムドガラヤマーリ以下の４尊の門衛が配される。なおハンビッツ本は諸尊の座位のみで、本曼荼羅の特徴である羯磨杵《しょ》を描いていなかったが、本作品では他作例を参照して補った。いっぽう内庭は、阿閦《あしゅく》を主尊とする無上瑜伽《ゆが》タントラの塗り分けを採用している。

5. ガルバ・ヘーヴァジュラ九尊曼荼羅　9-deity Garbha-Hevajra-maṇḍala

༥
སྙིང་པོ་ཀྱེ་རྡོར་

15.八葉蓮
特殊
(AMM)No.28
(VA)No.8a

『ヘーヴァジュラ』は、『サンヴァラ』と並んで、代表的な無上瑜伽《ゆが》母タントラとされている。その曼荼羅には種々のスタイルがあるが、ここに紹介する九尊曼荼羅は、もっとも一般的なものである。この曼荼羅は八葉蓮華の形状で、その華芯に８面16臂《ひ》４足の主尊ヘーヴァジュラと１面２臂の妃ナイラートミヤーの父母仏を描く。その周囲の花弁には、ガウリー(東)・チャウリー(南)・ヴェーターリー(西)・ガスマリー(北)・プッカシー(東北)・シャバリー(東南)・チャンダーリー(西南)・ドーンビー(西北)の８女尊が配される。その内庭は、ヘーヴァジュラが金剛部に属するため、通常は阿閦《あしゅく》を主尊とする無上瑜伽タントラの塗り分けとなるが、ハンビッツ本では青(東)・白(南)・黄(西)・赤(北)という塗り分けを採用している。これは、四方に配されるガウリー等４尊の部主が阿閦・毘盧遮那《びるしゃな》・宝生《ほうしょう》・阿弥陀《あみだ》とされるためで、誤りではない。この事実は、ハンビッツ本が、密教図像に造詣が深い阿闍梨《あじゃり》によって編集されたことを暗示するものといえる。

6. チッタ・ヘーヴァジュラ九尊曼荼羅　9-deity Citta-Hevajra-maṇḍala

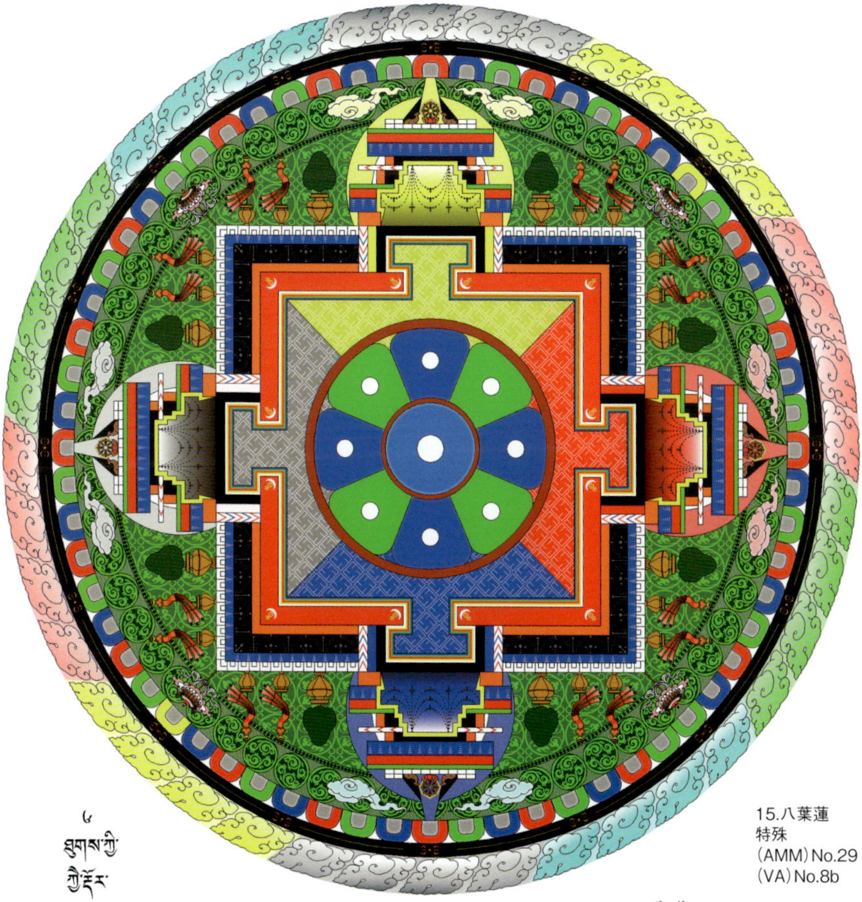

༦
ཐུགས་ཀྱི་
ཀྱཻ་རྡོར་

15.八葉蓮
特殊
(AMM)No.29
(VA)No.8b

『ヘーヴァジュラ』は、『サンヴァラ』と並んで、代表的な無上瑜伽《ゆが》母タントラとされている。その曼荼羅には種々のスタイルがあるが、本曼荼羅は、身口意《しんくい》の三密のうち意密(チッタ)に配当されるので、チッタ・ヘーヴァジュラと呼ばれる。この曼荼羅は、ガルバ・ヘーヴァジュラ九尊曼荼羅(V-5)の主尊８面16臂《ひ》４足のヘーヴァジュラを、青(正面)白(右)赤(左)の３面、右手に金剛杵《こんごうしょ》とカルトリ、左手に三叉戟《さんさげき》と鈴を持ち、残余の２手で妃のヴァジュラシュリンカラーを抱擁する６臂像に換えたものである。したがってその形状は八葉蓮華、内庭の塗り分けはガルバ・ヘーヴァジュラ九尊曼荼羅と同じになるはずだが、ハンビッツ本では本曼荼羅に限り、青(東)・黄(南)・白(西)・赤(北)というパターンを採用している。これは錯誤の可能性が高いので、四方の塗り分けを青(東)・白(南)・黄(西)・赤(北)に変更した。

7. ヴァーク・ヘーヴァジュラ九尊曼荼羅

9-deity Vāk-Hevajra-maṇḍala

༄ གསུང་གི་ཀྱེ་རྡོར་

15.八葉蓮
特殊
(AMM)No.30
(VA)No.8c

ヘーヴァジュラ曼荼羅には種々のスタイルがあるが、本曼荼羅は、身口意《しんくい》の三密のうち口密《くみつ》(ヴァーク)に配当されるので、ヴァーク・ヘーヴァジュラと呼ばれる。この曼荼羅は、ガルバ・ヘーヴァジュラ九尊曼荼羅(V-5)の主尊８面16臂《ひ》４足のヘーヴァジュラを、右手に金剛杵《こんごうしょ》とカパーラ(髑髏《どくろ》杯)、左手にも金剛杵とカパーラを持ち、残余の２手で妃のヴァジュラシュリンカラーを抱擁する１面６臂像に換えたものである。したがってその形状は八葉蓮華、内庭の塗り分けは、ガルバ・ヘーヴァジュラ九尊曼荼羅と同じ青(東)・白(南)・黄(西)・赤(北)となる。

8. カーヤ・ヘーヴァジュラ九尊曼荼羅　9-deity Kāya-Hevajra-maṇḍala

15.八葉蓮
特殊
(AMM)No.31
(VA)No.8d

ヘーヴァジュラ曼荼羅には種々のスタイルがあるが、本曼荼羅は、身口意《しんくい》の三密のうち身密(カーヤ)に配当されるので、カーヤ・ヘーヴァジュラと呼ばれる。この曼荼羅は、ガルバ・ヘーヴァジュラ九尊曼荼羅(V-5)の主尊８面16臂《ひ》４足のヘーヴァジュラを、右手に金剛杵《こんごうしょ》、左手にカパーラ(髑髏《どくろ》杯)を持ち、妃のナイラートミヤーを抱擁する１面２臂像に換えたものである。したがってその形状は八葉蓮華、内庭の塗り分けは、ガルバ・ヘーヴァジュラ九尊曼荼羅と同じ青(東)・白(南)・黄(西)・赤(北)となる。

9. パンチャダーカ曼荼羅

Pañcaḍāka-maṇḍala

༩་
མཁའ་འགྲོ་སྡེ་ལྔ་

複合型
無上瑜伽・阿閦主尊
(AMM) No.46-50
(VA) No.24

パンチャダーカ曼荼羅は、ヘーヴァジュラ曼荼羅の発展形態で、『ヘーヴァジュラ』の釈タントラ『ヴァジュラパンジャラ』に説かれている。パンチャダーカとは５尊のダーカを意味し、それぞれ妃を伴うヴァジュラダーカ(中央)・ブッダダーカ(東)・ラトナダーカ(南)・パドマダーカ(西)・ヴィシュヴァダーカ(北)の５尊を主尊とする５つの楼閣の複合体からなる。なお『アビサマヤ・ムクターマーラー』は、これら５つの楼閣を、それぞれ独立した曼荼羅(No.46-50)として扱っている。５尊のダーカは、それぞれ８人のダーキニーに囲繞《いにょう》されるが、中央のヴァジュラダーカを囲繞する８人は、ヘーヴァジュラ九尊曼荼羅(V-5〜8)の周囲に配される８人と同一である。このことから、本曼荼羅がヘーヴァジュラ九尊曼荼羅を５倍に拡張したものであることが理解できる。さらに外側の曼荼羅の四方四維にも８人のダーキニーが配されるので、全体の尊数は53尊、５尊のダーカの妃を尊数に入れると58尊となる。内庭は、阿閦《あしゅく》を主尊とする無上瑜伽《ゆが》タントラの塗り分けを採用している。

10. ナイラートミヤー二十三尊曼荼羅　23-deity Nairātmyā-maṇḍala

༡༠་
བདག་མེད་ལྷ་མོ་

19.八葉蓮
無上瑜伽・阿閦主尊
(AMM)No.57
(VA)No.6a

ヘーヴァジュラの妃ナイラートミヤーの曼荼羅には、種々の形式があるが、本曼荼羅は『ヘーヴァジュラ』『サンヴァラ』共通の釈タントラとされる『サンプタ』に説かれている。その曼荼羅は三重の楼閣中に八葉蓮華を描き、その華芯に主尊ナイラートミヤーを描く。その四方の蓮弁には、ヴァジュラー(東)・ガウリー(南)・ヴァーリー(西)・ヴァジュラダーキニー(北)の4女尊が配される。さらに外の楼閣の八方にはガウリー(東)・チャウリー(南)・ヴェーターリー(西)・ガスマリー(北)・プッカシー(東北)・シャバリー(東南)・チャンダーリー(西南)・ドーンビー(西北)・ケーチャリー(上)・ブーチャリー(下)の10女尊、最外院にはハヤースヤー(東)以下の動物の頭をもった4門衛と、ヴァンシャー(東北)・ヴィーナー(東南)・ムクンダー(西南)・ムラジャー(西北)という楽器の女神を配する。なおハンビッツ本には、ケーチャリーとブーチャリーの座位が描かれていなかったので、他作例を参照して補った。いっぽう内庭は、阿閦《あしゅく》を主尊とする無上瑜伽《ゆが》タントラの塗り分けを採用している。

11. ナイラートミヤー十五尊曼荼羅

15-deity Nairātmyā-maṇḍala

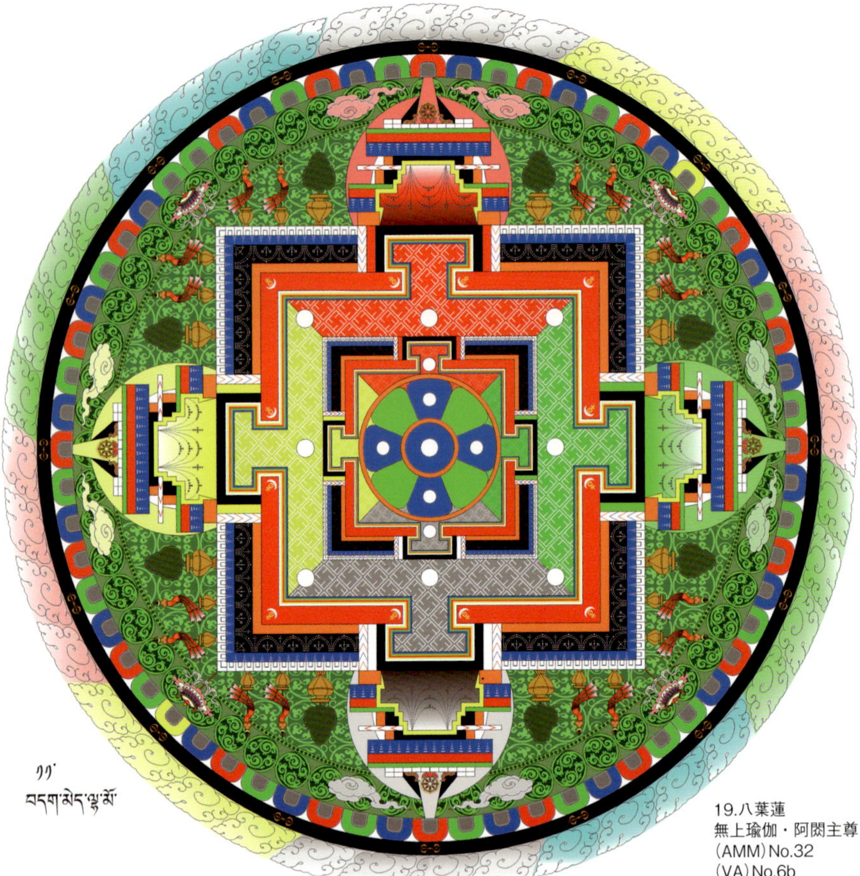

༡༡
བདག་མེད་ལྷ་མོ།

19.八葉蓮
無上瑜伽・阿閦主尊
(AMM)No.32
(VA)No.6b

ヘーヴァジュラの妃ナイラートミヤーの曼荼羅には、種々の形式があるが、本曼荼羅は二重の楼閣中に八葉蓮華を描き、その華芯に主尊ナイラートミヤーを描く。その四方の蓮弁には、ヴァジュラー(東)・ガウリー(南)・ヴァーリー(西)・ヴァジュラダーキニー(北)の4女尊が配される。さらに外院の八方にはガウリー(東)・チャウリー(南)・ヴェーターリー(西)・ガスマリー(北)・プッカシー(東北)・シャバリー(東南)・チャンダーリー(西南)・ドーンビー(西北)・ケーチャリー(上)・ブーチャリー(下)の10女尊を配する。これはナイラートミヤー二十三尊曼荼羅(V-10)から、最外院を取り去ったものに相当する。本曼荼羅の典拠とされる『サンプタ・タントラ』Ⅲ-iiiには15尊しか説かれず、最外院は註釈書によって補われたものであるから、本曼荼羅の方が原初形態に近いと見ることができる。なおハンビッツ本には、ケーチャリーとブーチャリーの座位が描かれていなかったので、他作例を参照して補った。いっぽう内庭は、阿閦《あしゅく》を主尊とする無上瑜《ゆ》伽《が》タントラの塗り分けを採用している。

12. クルクッラー十五尊曼荼羅　15-deity Kurukullā-maṇḍala

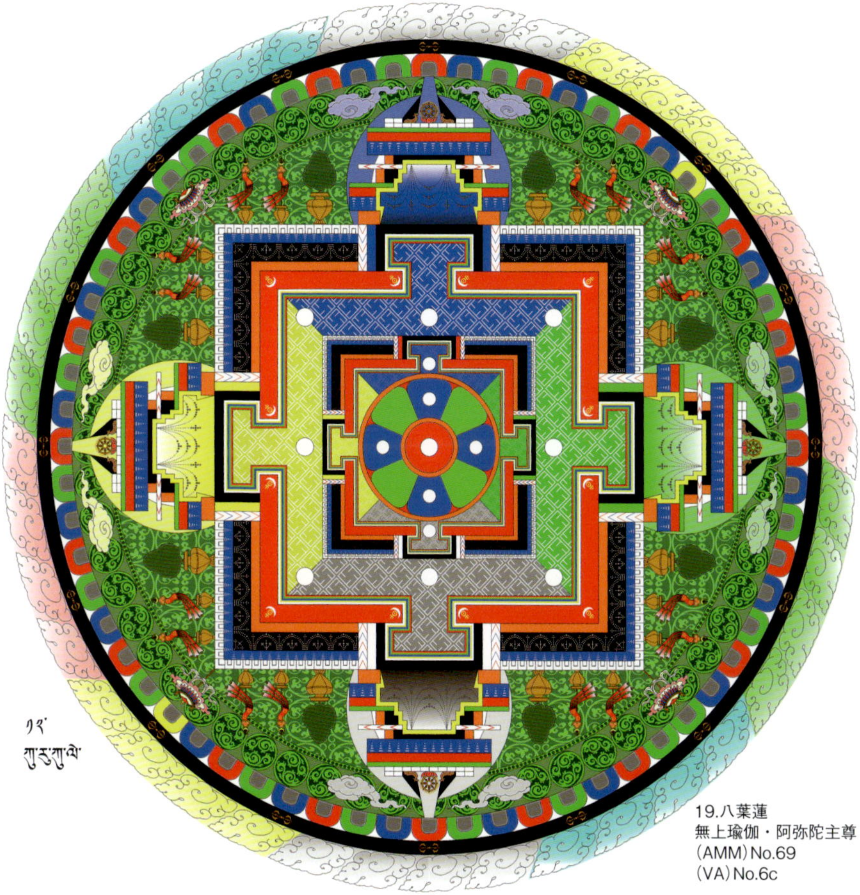

༡༢
ཀུ་རུ་ཀུ་ལེ

19.八葉蓮
無上瑜伽・阿弥陀主尊
(AMM) No.69
(VA) No.6c

クルクッラーは「赤いターラー」とも呼ばれ、異性の愛を射止めたり、他人を意のままに動かす敬愛法に特化した女性尊である。なお『ヴァジュラーヴァリー』は、ナイラートミヤー十五尊曼荼羅(V-11)の主尊を1面4臂《ひ》のクルクッラーに換え、眷属《けんぞく》の身色をすべて赤色にすると、この曼荼羅になると説くが、『アビサマヤ・ムクターマーラー』は、これとは全く別のクルクッラー曼荼羅(No.69)を説いている。それは主尊を四葉蓮華の華芯に描き、四方の蓮弁に仏眼等の四仏母、四維に嬉鬘歌舞《きまんかぶ》の内四供養、四門に鉤索鏁鈴《こうさくされい》の四摂(女尊)を配する13尊形式である。ハンビッツ本が、このどちらを描いたものか明確でないが、曼荼羅の形状がナイラートミヤー十五尊に酷似するので、『ヴァジュラーヴァリー』所説のものを描いた可能性が高い。なお本曼荼羅の内庭は、無上瑜伽《ゆが》タントラの主尊を阿閦《あしゅく》から阿弥陀《あみだ》に入れ換えた塗り分けとなっている。これはクルクッラーが赤色の身色をもち、蓮華部に属するとされるためである。

13. ヴァジュラターラー十九尊曼荼羅　19-deity Vajratārā-maṇḍala

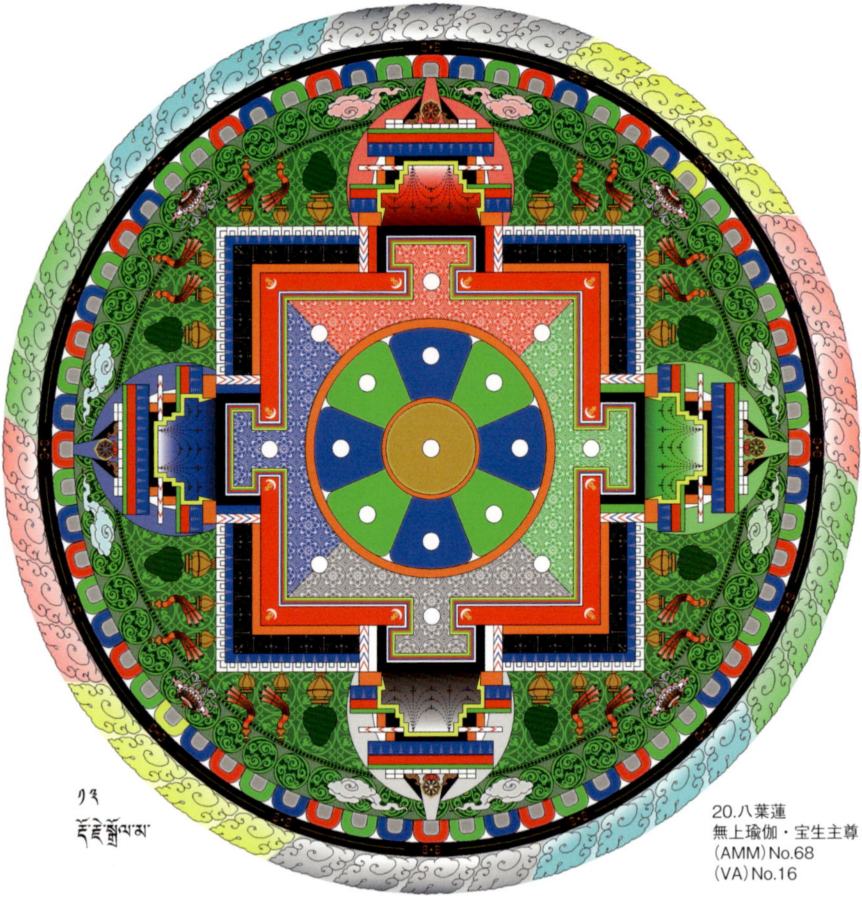

༡༣
རྡོ་རྗེ་སྒྲོལ་མ་

20.八葉蓮
無上瑜伽・宝生主尊
(AMM)No.68
(VA)No.16

ターラーは、観音の瞳から生まれた美しい女菩薩だが、密教の時代に、その信仰は高まり、四仏母の一尊に数えられるようになった。ヴァジュラターラーは、このような密教系のターラーの一種である。その曼荼羅は八葉蓮華の形状で、その華芯に身色黄金色で４面８臂《ひ》の主尊ヴァジュラターラーを描き、四方の蓮弁上に華(東)・香(南)・灯(西)・塗(北)の４種ターラー、四維には四仏の印として法輪(東南)・金剛杵《こんごうしょ》(西南)・蓮華(西北)・剣(東北)を配する。いっぽう四門には鉤索《こうさく》鏁《さ》鈴《れい》の四摂(女尊)、上方に仏頂尊勝母、下方に孫婆女《そんばにょ》、内庭の四隅には四仏母の印として菩提心の瓶《びょう》・須弥山《しゅみせん》・火炉・大幢《だいどう》を配する。なお『アビサマヤ・ムクターマーラー』は本曼荼羅の尊数を11尊とするが、ハンビッツ本には、印を含めて座位が17個描かれている(上下の尊格の座位は描かれていない)。いっぽう内庭は、無上瑜伽《ゆが》タントラの主尊を、阿閦《あしゅく》から宝生《ほうしょう》に換えた塗り分けを採用している。これはヴァジュラターラーが黄金色の身色をもち、宝生如来を部主とするためである。

14. ガルバ・ヘーヴァジュラ十七尊曼荼羅　17-deity Garbha-Hevajra-maṇḍala

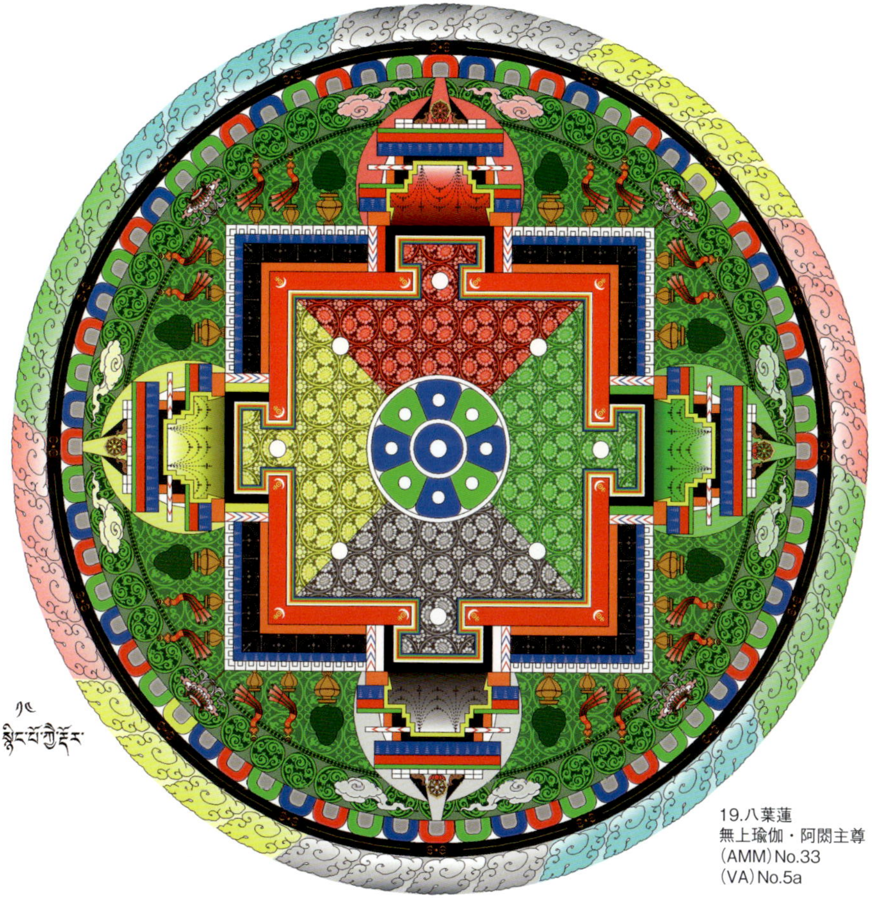

༡༩
སྙིང་པོ་ཀྱེ་རྡོར

19.八葉蓮
無上瑜伽・阿閦主尊
(AMM)No.33
(VA)No.5a

母タントラ系の守護尊ヘーヴァジュラの曼荼羅としては、すでに9尊形式のもの4種(V-5~8)を紹介したが、これ以後は、『サンプタ・タントラ』所説の17尊形式の曼荼羅4種である。その第1となるガルバ・ヘーヴァジュラ十七尊曼荼羅は八葉蓮華の形状で、その華芯に8面16臂《ひ》4足の主尊ヘーヴァジュラと1面2臂の妃ナイラートミヤーの父母仏を描き、周囲の花弁には、9尊形式と同じガウリー(東)・チャウリー(南)・ヴェーターリー(西)・ガスマリー(北)・プッカシー(東北)・シャバリー(東南)・チャンダーリー(西南)・ドーンビー(西北)の8女尊を配する。いっぽう曼荼羅の四門には、動物の頭をもつハヤースヤー(東)・シューカラースヤー(南)・シュヴァーナースヤー(西)・シンハースヤー(北)の4門衛、内庭の四隅にはヴァンシャー(東北)・ヴィーナー(東南)・ムクンダー(西南)・ムラジャー(西北)という4種の楽器の女神を配する。いっぽう内庭は、阿《あ》閦《しゅく》を主尊とする無上瑜《ゆ》伽《が》タントラの塗り分けを採用している。

15. チッタ・ヘーヴァジュラ十七尊曼荼羅　17-deity Citta-Hevajra-maṇḍala

༡༥་

ཐུགས་ཀྱི་རྡོར་

19.八葉蓮
無上瑜伽・阿閦主尊
(AMM) No.34
(VA) No.5b

本曼荼羅は、『サンプタ・タントラ』所説の４種のヘーヴァジュラ十七尊曼荼羅の第２で、身口意《しんくい》の三密のうち意密(チッタ)に配当されるので、チッタ・ヘーヴァジュラと呼ばれる。この曼荼羅は、ガルバ・ヘーヴァジュラ十七尊曼荼羅(V-14)の主尊８面16臂《ひ》４足のヘーヴァジュラを、正面が青・右面が白・左面が赤、右手に金剛杵《こんごうしょ》とカルトリ、左手に三叉戟《さんさげき》と鈴を持ち、残余の２手で妃のヴァジュラシュリンカラーを抱擁する３面６臂像に換えたものである。なお『ニシュパンナヨーガーヴァリー』は、主尊の周囲に配される８女尊をヴァジュララウドリー(東)・ヴァジュラビンバー(南)・ラーガヴァジュラー(西)・ヴァジュラサウミヤー(北)・ヴァジュラヤクシー(東北)・ヴァジュラダーキニー(東南)・シャブダヴァジュラー(西南)・プリティヴィーヴァジュラー(西北)に換えると説くが、『アビサマヤ・ムクターマーラー』は、眷属《けんぞく》の女神はガルバ・ヘーヴァジュラと同じと規定している。その内庭は、阿閦《あしゅく》を主尊とする無上瑜伽《ゆが》タントラの塗り分けを採用している。

16 ヴァーク・ヘーヴァジュラ十七尊曼荼羅　17-deity Vāk-Hevajra-maṇḍala

༡༦
གསུང་གྱི་རྡོར་

19.八葉蓮
無上瑜伽・阿閦主尊
(AMM)No.35
(VA)No.5c

本曼荼羅は、『サンプタ・タントラ』所説の４種のヘーヴァジュラ十七尊曼荼羅の第３で、身口意《しんくい》の三密のうち口密《くみつ》(ヴァーク)に配当されるので、ヴァーク・ヘーヴァジュラと呼ばれる。この曼荼羅は、チッタ・ヘーヴァジュラ十七尊曼荼羅(V-15)の主尊３面６臂《ひ》のヘーヴァジュラを、右手に金剛杵《こんごうしょ》とカパーラ(髑髏《どくろ》杯)、左手にも金剛杵とカパーラを持ち、残余の２手で妃のヴァジュラシュリンカラーを抱擁する１面６臂像に換えたものである。なお『ニシュパンナヨーガーヴァリー』に従えば、主尊の周囲に配されるのはヴァジュララウドリー以下の８女尊となるが、『アビサマヤ・ムクターマーラー』によれば、ガルバ・ヘーヴァジュラと同じガウリー以下の８女尊となる。その内庭も、チッタ・ヘーヴァジュラと同じく、阿閦《あしゅく》を主尊とする無上瑜伽《ゆが》タントラの塗り分けを採用している。

17. カーヤ・ヘーヴァジュラ十七尊曼荼羅　17-deity Kāya-Hevajra-maṇḍala

༡༧་
སྐུ་ཀྱི་རྡོར་

19.八葉蓮
無上瑜伽・阿閦主尊
(AMM) No.36
(VA) No.5d

本曼荼羅は、『サンプタ・タントラ』所説の４種のヘーヴァジュラ十七尊曼荼羅の第４で、身口意《しんくい》の三密のうち身密(カーヤ)に配当されるので、カーヤ・ヘーヴァジュラと呼ばれる。この曼荼羅は、チッタ・ヘーヴァジュラ十七尊曼荼羅(V-15)の主尊３面６臂《ひ》のヘーヴァジュラを、右手に金剛杵《こんごうしょ》、左手にカパーラ(髑《どく》髏《ろ》杯)を持ち、妃のナイラートミヤーを抱擁する１面２臂像に換えたものである。なお『ニシュパンナヨーガーヴァリー』に従えば、主尊の周囲に配されるのはヴァジュララウドリー以下の８女尊となるが、『アビサマヤ・ムクターマーラー』によれば、ガルバ・ヘーヴァジュラ十七尊曼荼羅(V-14)と同じガウリー以下の８女尊となる。その内庭も、チッタ・ヘーヴァジュラと同じく、阿閦《あしゅく》を主尊とする無上瑜《ゆ》伽《が》タントラの塗り分けを採用している。なおハンビッツ本は、本曼荼羅中心部の八葉蓮華のサイズと彩色を、４種のヘーヴァジュラ十七尊曼荼羅の他の３種(V-14〜16)とは異なる様式で表現しているが、その理由は明らかでない。

18. サンヴァラ金剛薩埵《さった》三十七尊曼荼羅　37-deity Saṃvara-Vajrasattva-maṇḍala

༡༨
བདེ་མཆོག
རྡོར་སེམས

14.九格子＋八葉蓮＋八輻輪
無上瑜伽・阿閦主尊
(VA)No.3

本曼荼羅も４種のヘーヴァジュラ十七尊曼荼羅と同じく、『サンプタ・タントラ』に基づく。『ロンタ度量法』によれば、本曼荼羅は中心から九格子・八葉蓮華・八輻輪の三重構造となり、九格子の中心には主尊の金剛薩埵を描き、その四方に常恒者(毘盧遮那《びるしゃな》の異名、東)・宝生《ほうしょう》(南)・阿弥陀《あみだ》(西)・不空成就《ふくうじょうじゅ》(北)の四仏、四維に仏眼《ぶつげん》(東北)・マーマキー(東南)・白衣《びゃくえ》(西南)・ターラー(西北)の四仏母を配する。いっぽう第二重には、チッタ・ヘーヴァジュラ曼荼羅(V-15)のヴァジュララウドリー以下の８女尊を配し、第三重の四方には『理趣経《りしゅきょう》』系の笑嬉歌舞の四供養、四維にはヴァンシャー以下の楽器の女神、その外側には華香灯塗の外四供養と、鏡味触法の４女尊、四門には門衛の四摂(女尊)を配する。なお本曼荼羅は、『アビサマヤ・ムクターマーラー』には説かれない。ハンビッツ本は、本曼荼羅をチャクラサンヴァラ六十二尊曼荼羅(V-19)の三重八輻輪から中心の八葉蓮華を取り去った形状に描いている。また内庭は、阿閦《あしゅく》を主尊とする無上瑜《ゆ》伽《が》タントラの塗り分けを採用している。

19. チャクラサンヴァラ六十二尊曼荼羅　62-deity Cakrasaṃvara-maṇḍala

༡༩
འཁོར་ལོ་སྡོམ་པ

13.三重八輻輪
無上瑜伽・阿閦主尊
(AMM)No.37
(VA)No.12a

『サンヴァラ』は『ヘーヴァジュラ』と並んで、代表的な母タントラとされるが、本曼荼羅は、多種多様なサンヴァラ系の曼荼羅の基本形態といえる。この曼荼羅は、三重八輻輪の中心に八葉蓮華を描いた形状で、内側から順次、大楽輪・意密輪・口密輪《くみつりん》・身密輪・三昧耶《さんまや》輪と呼ばれる。大楽輪の中央に、主尊として４面６臂《ひ》のサンヴァラと妃のヴァジュラヴァーラーヒーを描き、四方の蓮弁にダーキニー(東)・ラーマー(北)・カンダローハー(西)・ルーピニー(南)の４女尊、四維にはカパーラ(髑髏《どくろ》杯)を配する。その外側は身口意《しんくい》を象徴する三重の八輻輪となり、八方に８対、合計24対の父母仏が配される。その外側は三昧耶輪と呼ばれ、四門に動物の頭をしたカーカースヤー(烏頭、東)・ウルーカースヤー(梟頭、北)・シュヴァーナースヤー(狗頭、西)・シューカラースヤー(猪頭、北)の４門衛、四維にヤマダーヒー(東南)・ヤマドゥーティー(西南)・ヤマダンシュトリー(西北)・ヤママタニー(東北)の４女尊を配する。内庭は、阿閦《あしゅく》を主尊とする無上瑜伽《ゆが》タントラの塗り分けを採用している。

20. 二臂《にひ》サンヴァラ六十二尊曼荼羅　62-deity maṇḍala of 2-armed Saṃvara

༢༠་
བདེ་མཆོག་
ཕྱག་གཉིས་པ་

13.三重八輻輪
無上瑜伽・阿閦主尊
(AMM)No.39
(VA)No.12b

二臂サンヴァラ六十二尊曼荼羅は、前述のチャクラサンヴァラ六十二尊曼荼羅(V-19)の主尊である4面12臂のサンヴァラを、1面2臂像に換えたもので、『ヴァジュラーヴァリー』の関連儀軌《ぎき》『ニシュパンナヨーガーヴァリー』に説かれている。なおこの場合、主尊だけでなく、ダーキニー以下・ヤママタニーに至るまでの眷属《けんぞく》も、すべて1面2臂になる。また主尊と三密輪の勇者(男性尊)は右手に金剛杵《こんごうしょ》、左手に金剛鈴、大楽輪のダーキニー等の4尊と、三昧耶輪《さんまやりん》の8女尊は、右手にダマル(デンデン太鼓のような楽器)、左手にカパーラ(髑髏《どくろ》杯)を持ち、肩にカトヴァーンガ(髑髏杖)を掛けると規定されている。いっぽう内庭は、チャクラサンヴァラ六十二尊曼荼羅と同じく、阿閦《あしゅく》を主尊とする無上瑜伽《ゆが》タントラの塗り分けを採用している。

21. 黄色サンヴァラ六十二尊曼荼羅　62-deity maṇḍala of Yellow Saṃvara

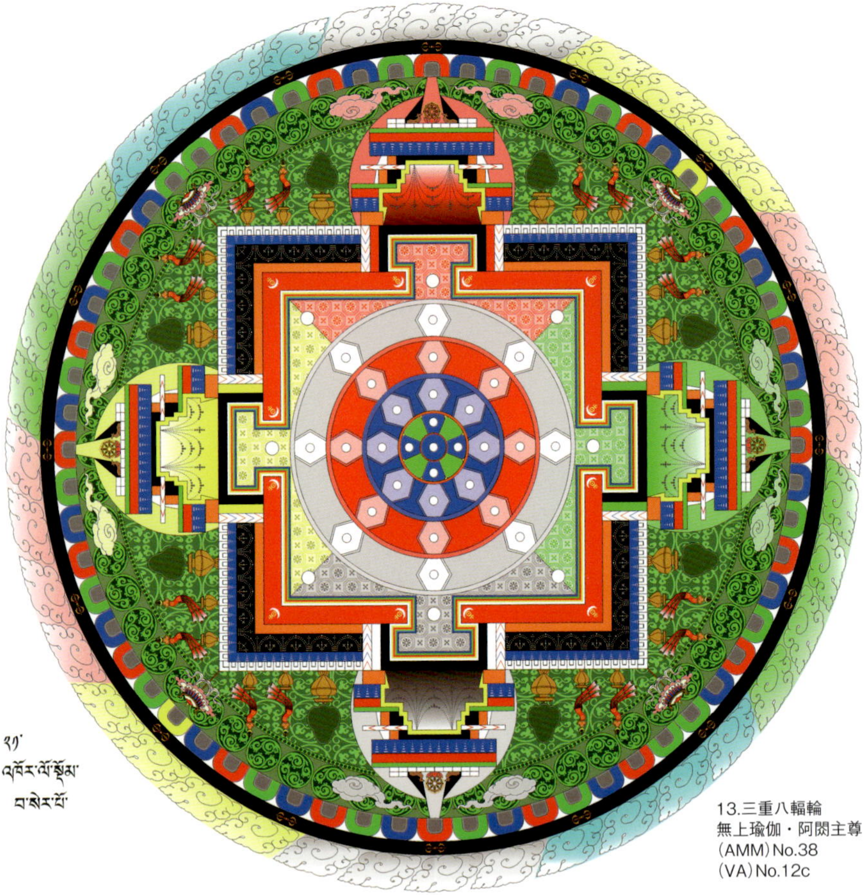

༢༡་
འཁོར་ལོ་སྡོམ་
པ་སེར་པོ་

13.三重八輻輪
無上瑜伽・阿閦主尊
(AMM)No.38
(VA)No.12c

黄色サンヴァラ六十二尊曼荼羅は、前述の二臂《にひ》サンヴァラ六十二尊曼荼羅(V-20)の主尊サンヴァラと妃のヴァジュラヴァーラーヒーを、ともに身色が黄色の２臂像に換えたもので、『ヴァジュラーヴァリー』の関連儀軌《ぎき》『ニシュパンナヨーガーヴァリー』に説かれている。なおこの場合、大楽輪のダーキニー以下４尊は身色が黄色、意密輪の勇者(男性尊)は青色、勇女(女性尊)は白色、口密輪の勇者は赤色、ダーキニー(女性尊)は青色、身密輪の勇者は白色、天女(女性尊)は赤色になるという。なおハンビッツ本は、諸尊の座位を小さな円で表現しているだけなので、これらの相違点は表現されていない。いっぽう内庭は、チャクラサンヴァラ六十二尊曼荼羅(V-19)と同じく、阿閦《あしゅく》を主尊とする無上瑜伽《ゆが》タントラの塗り分けを採用している。

22. 赤色ヴァジュラヴァーラーヒー三十七尊曼荼羅

37-deity maṇḍala of Red Vajravārāhī

རྡོ་རྗེ་ཕག་མོ་
དམར་མོ་

13.三重八輻輪
無上瑜伽・阿閦主尊
(AMM)No.41
(VA)No.12d

赤色ヴァジュラヴァーラーヒー三十七尊曼荼羅は、サンヴァラ系曼荼羅の基本形態であるチャクラサンヴァラ六十二尊曼荼羅(V-19)の主尊を、男性の配偶者を伴わない身色赤色のヴァジュラヴァーラーヒーに換えたものである。なおサンヴァラ系には、男性のサンヴァラを主尊とする父系(ヤプコル)の他に、サンヴァラの妃ヴァジュラヴァーラーヒーが主尊となる母系(ユムコル)が伝えられている。母系の曼荼羅では、身口意《しんくい》の三密輪にも勇者(男性尊)を描かず、勇女(女性尊)のみとなる。そこで全体の尊数は、『アビサマヤ・ムクターマーラー』(No.41)のように37尊とするのが正しい。いっぽう内庭は、チャクラサンヴァラ六十二尊曼荼羅と同じく、阿閦《あしゅく》を主尊とする無上瑜伽《ゆが》タントラの塗り分けを採用している。

23. 青色ヴァジュラヴァーラーヒー三十七尊曼荼羅

37-deity maṇḍala of Blue Vajravārāhī

༢༣་
རྡོ་རྗེ་ཕག་མོ་
སྔོན་མོ་

13.三重八輻輪
無上瑜伽・阿閦主尊
(VA)No.12e

青色ヴァジュラヴァーラーヒー三十七尊曼荼羅は、サンヴァラ系曼荼羅の基本形態であるチャクラサンヴァラ六十二尊曼荼羅(V-19)の主尊を、男性の配偶者を伴わない身色青色のヴァジュラヴァーラーヒーに換えたものである。なお本曼荼羅は、サンヴァラの妃ヴァジュラヴァーラーヒーを主尊とする母系(ユムコル)に属するので、身口意《しんくい》の三密輪に勇者(男性尊)を描かず、勇女(女性尊)のみを描く。本曼荼羅は、『アビサマヤ・ムクターマーラー』には説かれないが、全体の尊数は赤色ヴァジュラヴァーラーヒー三十七尊曼荼羅(V-22)と同じく37尊とすべきである。いっぽう内庭は、チャクラサンヴァラ六十二尊曼荼羅と同じく、阿閦《あしゅく》を主尊とする無上瑜伽《ゆが》タントラの塗り分けを採用している。

24. 黄色ヴァジュラヴァーラーヒー三十七尊曼荼羅

37-deity mandala of
Yellow Vajravārāhī

༢༤་
རྡོ་རྗེ་ཕག་མོ་
སེར་མོ་

13.三重八輻輪
無上瑜伽・阿閦主尊
(VA)No.12f

黄色ヴァジュラヴァーラーヒー三十七尊曼荼羅は、前述の黄色サンヴァラ六十二尊曼荼羅(V-21)の主尊を、その妃である身色黄色のヴァジュラヴァーラーヒーに換えたものと考えられる。本曼荼羅も、サンヴァラの妃ヴァジュラヴァーラーヒーを主尊とする母系(ユムコル)に属するので、身口意《しんくい》の三密輪には勇者(男性尊)を描かず、勇女(女性尊)のみを描く。本曼荼羅は『アビサマヤ・ムクターマーラー』には説かれないが、全体の尊数は赤色ヴァジュラヴァーラーヒー三十七尊曼荼羅(V-22)と同じく37尊とすべきである。いっぽう内庭は、チャクラサンヴァラ六十二尊曼荼羅(V-19)と同じく、阿閦《あしゅく》を主尊とする無上瑜伽《ゆが》タントラの塗り分けを採用している。

25. 忿怒《ふんぬ》フーンカーラ十一尊曼荼羅　11-deity Krodhahūṃkāra-maṇḍala

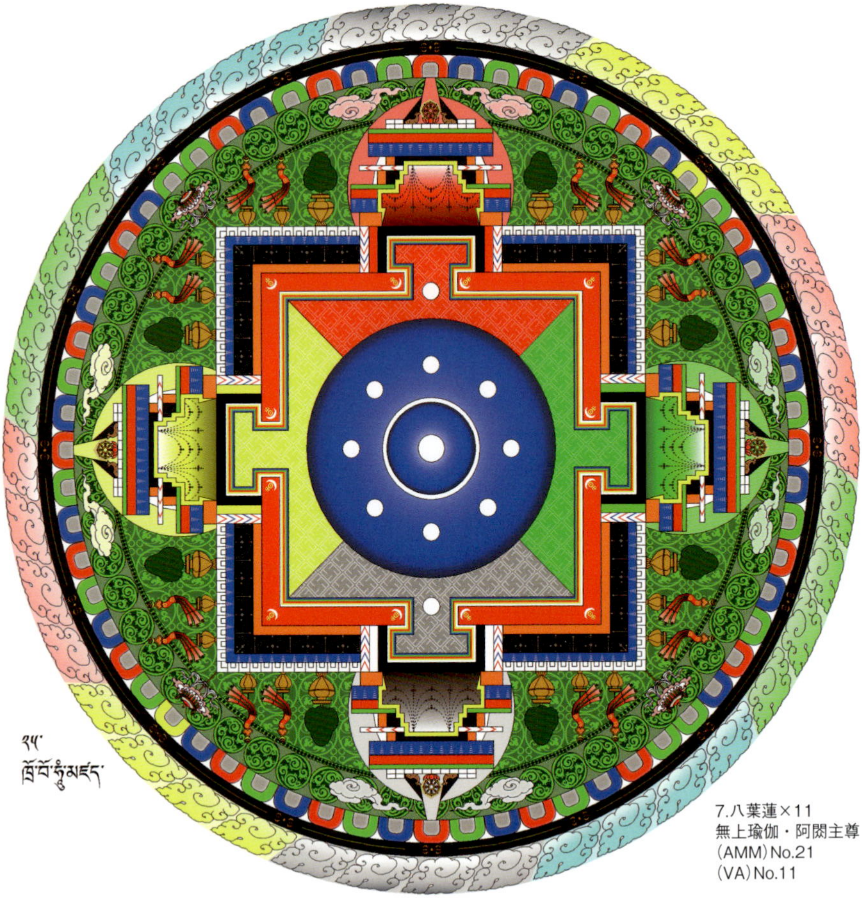

༢༥་
ཁྲོ་བོ་ཧཱུྃ་མཛད་

7.八葉蓮×11
無上瑜伽・阿閦主尊
(AMM)No.21
(VA)No.11

『ロンタ度量法』によれば、本曼荼羅は内庭に11個の八葉蓮華を配し、中央の蓮華に主尊ヴァジュラフーンカーラ(金剛吽迦羅《こんごううんから》)を描き、周囲の10個の蓮華に十方を守護する十忿怒を配する。なお上方の仏頂転輪王と下方のヴァジュラパーターラ(金剛地下)は、実際には東(下)と西(上)に配される。いっぽう内庭は、阿閦《あしゅく》を主尊とする無上瑜伽《ゆが》タントラの塗り分けを採用している。本曼荼羅の典拠について、『ロンタ度量法』は『秘密集会《ひみつしゅうえ》タントラ』、チャンキャ２世は『アビダーノーッタラ・タントラ』を指摘するが、チベットではあまり普及しなかった。なおハンビッツ本は、『ロンタ度量法』が説く11個の八葉蓮華を描かず、巨大な青い輪円の八方に八忿怒を配する。上下の忿怒尊の座位は記入されていなかったが、本作品では他作例を参照して補った。なおハンビッツ文化財団には、これとは別に、14世紀に遡りうる本曼荼羅の彩色タンカの優品が所蔵されている。これは単独で制作されたものではなく、かつては『ヴァジュラーヴァリー』曼荼羅集の１幅を構成していたと推定される。

26. シャトチャクラヴァルティン曼荼羅　Ṣaṭcakravartin-maṇḍala

༢༦
བདེ་མཆོག་འཁོར་བསྒྱུར་དྲུག་

複合型
無上瑜伽・阿閦主尊
(AMM)No.51-56
(VA)No.25

シャトチャクラヴァルティンとは6尊の転輪王を意味し、その曼荼羅はサンヴァラ系の続タントラとされる『アビダーノーッタラ・タントラ』に説かれている。本曼荼羅は、ジュニャーナダーカ(中央)・ブッダダーカ(東)・ラトナダーカ(南)・パドマダーカ(西南)・ヴァジュラダーカ(西北)・ヴィシュヴァダーカ(北)を主尊とする6つの楼閣からなる複合型である。なお『アビサマヤ・ムクターマーラー』は、これら6つの楼閣を、それぞれ独立した曼荼羅(No.51-56)として扱っている。なお中央楼閣の四維にはダーキニー・ラーマー・カンダローハー・ルーピニーの4女尊が配されるが、これは他のサンヴァラ系曼荼羅の大楽輪と同一である。また身口意《しんくい》の三密輪を構成する24対の男女尊も6つの楼閣に振り分けられ、6尊の転輪王の眷属《けんぞく》となっている。さらに外側の楼閣の四門にはカーカースヤー以下の動物の頭をもつ4門衛、四維にはヤマダーヒー以下の4女尊を配する。いっぽう内庭は、他のサンヴァラ系曼荼羅と同じく、阿閦《あしゅく》を主尊とする無上瑜伽《ゆが》タントラの塗り分けを採用している。

27. ヴァジュラームリタ二十一尊曼荼羅　21-deity Vajrāmṛta-maṇḍala

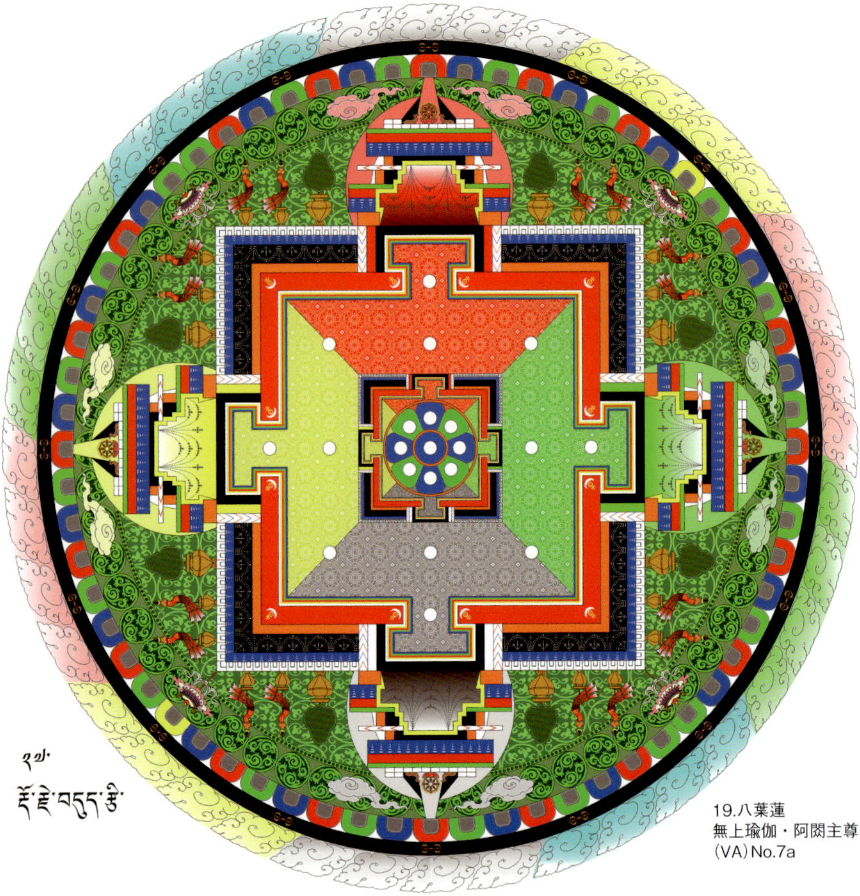

༢༧
རྡོ་རྗེ་བདུད་རྩི་

19.八葉蓮
無上瑜伽・阿閦主尊
(VA)No.7a

本曼荼羅以後の４点(V-27〜30)は、『ロンタ度量法』で「ヴァジュラームリタの４種」の総称されるように、『ヴァジュラームリタ・タントラ』に説かれる本曼荼羅と、その変種である。これらは、いずれも『アビサマヤ・ムクターマーラー』には説かれない。本曼荼羅は中央に八葉蓮華を描き、その華芯にヴァジュラームリタ(金剛甘露)と呼ばれる３面６臂《ひ》で妃を伴う忿怒《ふんぬ》尊を描き、八方の蓮弁上にサウミヤー(東)・サウミヤヴァダナー(南)・チャーンドリー(西)・シャシニー(北)・シャシマンダー(東北)・シャシレーカー(東南)・マノージュニャー(西南)・マノーフラーダナカリー(西北)の８女尊を配する。その外側の四維には華香灯塗の外四供養、四方にはヴァンシャー以下の楽器の女神、曼荼羅の四門にはブリクティタランガ(東)・バヤビーシャナ(南)・ハヤルーパ(西)・ガナナーヤカ(北)の４門衛(男尊)を配する。なおヴァジュラームリタは、父タントラの宝部に対応する金剛日族に属するが、内庭の塗り分けは、阿閦《あしゅく》を主尊とする無上瑜伽《ゆが》タントラのものを採用している。

28. ヴァジュラフーンカーラ二十九尊曼荼羅　29-deity Vajrahūṃkāra-maṇḍala

༢༨་
རྡོ་རྗེ་ཧཱུྃ་མཛད་

19.八葉蓮
無上瑜伽・阿閦主尊
(VA)No.7b

ヴァジュラフーンカーラ(金剛吽迦羅《こんごううんから》)を主尊とする曼荼羅としては、すでに忿《ふん》怒《ぬ》フーンカーラ十一尊曼荼羅(V-25)を紹介しているが、本曼荼羅はヴァジュラームリタ二十一尊曼荼羅(V-27)の変種である。なお『ニシュパンナヨーガーヴァリー』は、3つの変種については、『ヴァジュラームリタ・タントラ』を参照するよう指示するのみで詳説していない。この曼荼羅は中央に八葉蓮華を描き、その華芯に3面6臂《ひ》の主尊ヴァジュラフーンカーラを描き、四方の蓮弁上にヴァジュラガルバー(東)・ヴァジュラシャストラー(南)・スパルシャヴァジュラー(西)・キリキラー(北)の4女尊を配し、四維には甘露瓶《びょう》を置く(ハンビッツ本は座位を小円で示す)。また外院内側の四方には、ヴィーナー(東)・ヴァンシャー(南)・ムクンダー(西)・ムラジャー(北)という楽器の女神、四維には嬉鬘歌舞《きまんかぶ》の内四供養を配する。さらに外院外側には八大菩薩、四維には外四供養を配し、四門には鉤索鏁鈴《こうさくされい》の4門衛(女尊)を配する。内庭は、阿閦《あしゅく》を主尊とする無上瑜伽《ゆが》タントラの塗り分けを採用している。

29. ヴァジュラヘールカ二十一尊曼荼羅　21-deity Vajraheruka-maṇḍala

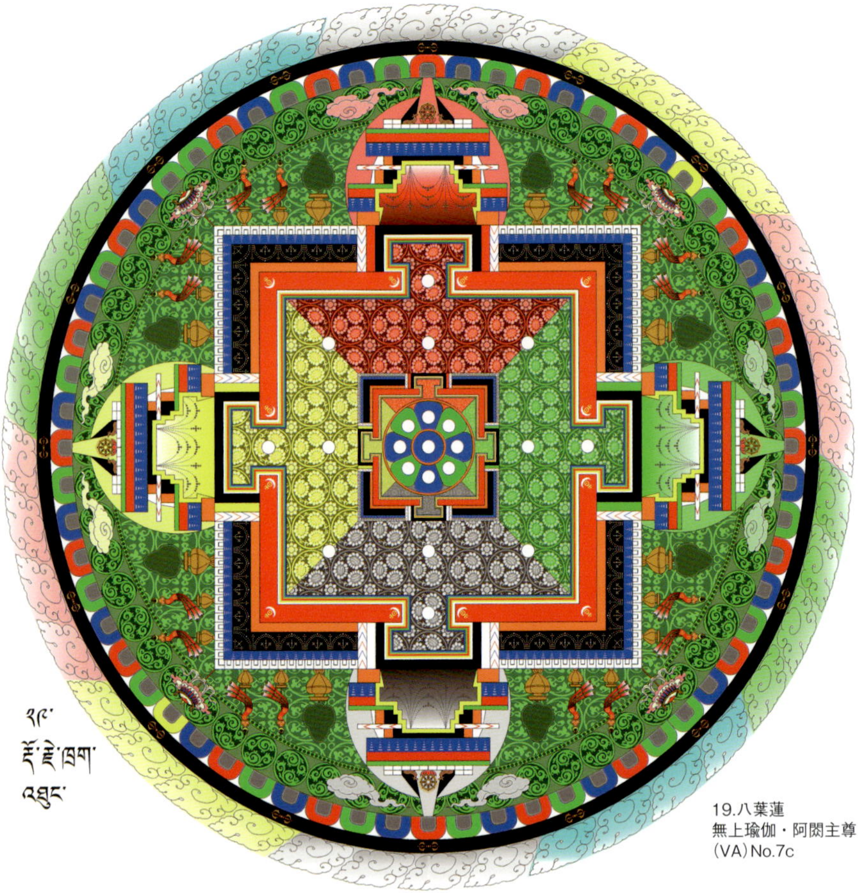

༢༨་
རྡོ་རྗེ་ཁྲག་
འཐུང་

19.八葉蓮
無上瑜伽・阿閦主尊
(VA)No.7c

本曼荼羅はヴァジュラームリタ二十一尊曼荼羅(V-27)の３つの変種の第２である。この曼荼羅は中央に八葉蓮華を描き、その華芯に４面８臂《ひ》の主尊ヴァジュラヘールカ(金剛飲血)を描き、四方の蓮弁上にツィクチェンマ(東)・ナムツィクマ(南)・トゥムモ(西)・ユンモ(北)・セルキャマ(東南)・クリニ(西南)・タクモ(西北)・ジクジェーマ(東北)の８女尊(サンスクリット原語が不明なので、チベット訳名を示す)を配す。また外院の四方には華香灯塗の外四供養、四維にはヴィーナー(東南)・ヴァンシャー(西南)・ムクンダー(西北)・ムラジャー(東北)という楽器の女神、四門には象鼻(東)・大象鼻(南)・美面女(西)・喜面女(北)の４門衛(女尊)を配する。内庭は、阿閦《あしゅく》を主尊とする無上瑜伽《ゆが》タントラの塗り分けを採用している。

30. 甘露軍荼利《ぐんだり》十三尊曼荼羅　13-deity Amṛtakuṇḍalin-maṇḍala

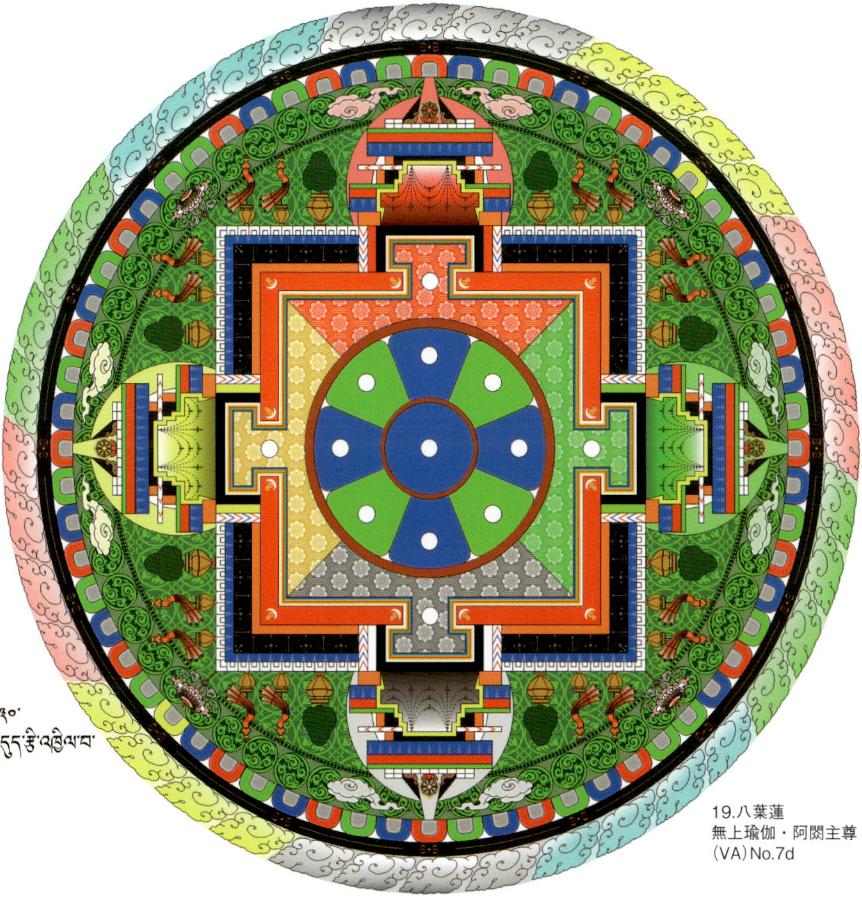

༣༠་
བདུད་རྩི་འཁྱིལ་བ

19.八葉蓮
無上瑜伽・阿閦主尊
(VA)No.7d

本曼荼羅は『ヴァジュラームリタ・タントラ』所説のヴァジュラームリタ二十一尊曼荼羅(V-27)の３つの変種の第３である。この曼荼羅は中央に八葉蓮華を描き、その華芯に３面６臂《ひ》の主尊甘露軍荼利を描き、四方の蓮弁上に金剛甘露女(東)・甘露面女(南)・甘露具身女(西)・甘露眼女(北)・アメヤ(東南)・善色女(西南)・具美色女(西北)・楽成就女(東北)の８女尊(サンスクリット原語が不明なのでチベット訳カナ表記と漢訳名で示す)を配する。さらに四門には鉤索鏁《こうさくさ》鈴《れい》の４門衛(女尊)を配するので、尊数の合計は13尊となる。いっぽう内庭は、阿《あ》閦《しゅく》を主尊とする無上瑜伽《ゆが》タントラの塗り分けを採用している。

31. ブッダカパーラ二十五尊曼荼羅　25-deity Buddhakapāla-maṇḍala

༣༡་
སངས་རྒྱས་
ཐོད་པ།

13.三重八輻輪
無上瑜伽・阿閦主尊
(AMM)No.66
(VA)No.13

この曼荼羅は、無上瑜伽《ゆが》母タントラの一種『ブッダカパーラ・タントラ』に基づいている。『ロンタ度量法』は、曼荼羅の形状をチャクラサンヴァラ六十二尊曼荼羅(V-19)と同じ三重八輻輪と規定するが、ハンビッツ本は八葉蓮華の外に二重八輻輪を巡らし、他作例も多くはこれに一致する。八葉蓮華の華芯には１面４臂《ひ》で妃のチトラセーナーを伴うブッダカパーラを描き、その四方にはスマーリニー(東)・カパーリニー(北)・ビーマー(西)・スドゥルジャヤー(南)の４女尊を左旋に配する。ハンビッツ本は、八葉蓮華の四維にも尊格の座位を示す小円を描くが、これは四維の蓮弁上に描かれるカパーラ(髑髏《どくろ》杯)を、尊格と誤認したものと思われる。その外側の八輻輪にはシュバメーカラー以下の８女尊、さらにその外の八輻輪にはターリニー以下の８女尊、曼荼羅の四門にはスンダリー(東)・ヴァスンダラー(北)・スバガー(西)・プリヤダルシャナー(南)の４門衛(女尊)を配する。いっぽう内庭は、阿閦《あしゅく》を主尊とする無上瑜伽タントラの塗り分けを採用している。

32. ブッダカパーラ九尊曼荼羅　9-deity Buddhakapāla-maṇḍala

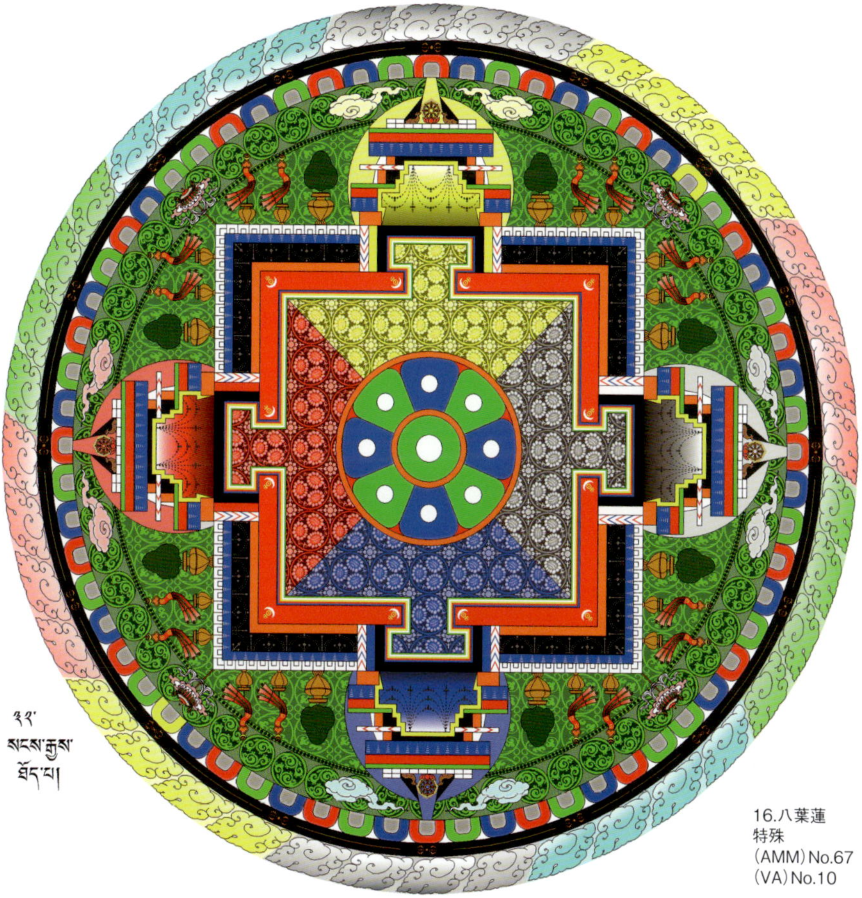

༣༢་
སངས་རྒྱས་
ཐོད་པ།

16.八葉蓮
特殊
(AMM)No.67
(VA)No.10

本曼荼羅も、ブッダカパーラ二十五尊曼荼羅(V-31)と同じく『ブッダカパーラ・タントラ』に基づくが、曼荼羅の形状や諸尊の配置は大きく異なっている。この曼荼羅は八葉蓮華の形状で、その華芯に１面４臂《ひ》で妃を伴わないブッダカパーラを描き、周囲の蓮弁にチトラセーナー(東)・カーミニー(北)・パーターラヴァーシニー(西)・サウバドラー(南)・シャウンディニー(東北)・ブーティニー(東南)・チャトゥルブジャー(西南)・アーカーシャヴァーシニー(西北)の８女尊を左旋に配する。なおハンビッツ本は、本曼荼羅の内庭を、青(東)・白(北)・黄(西)・赤(南)という他に類を見ない方式で塗り分けている。これは『ニシュパンナヨーガーヴァリー』に、主尊の四方に左旋で配されるチトラセーナー・カーミニー・パーターラヴァーシニー・サウバドラーの４女尊が、それぞれ阿閦《あしゅく》・毘盧《びる》遮那《しゃな》・宝生《ほうしょう》・阿弥陀《あみだ》の四仏を部主とすると説かれるためである。

33. マハーマーヤー六尊曼荼羅

6-deity Mahāmāyā-maṇḍala

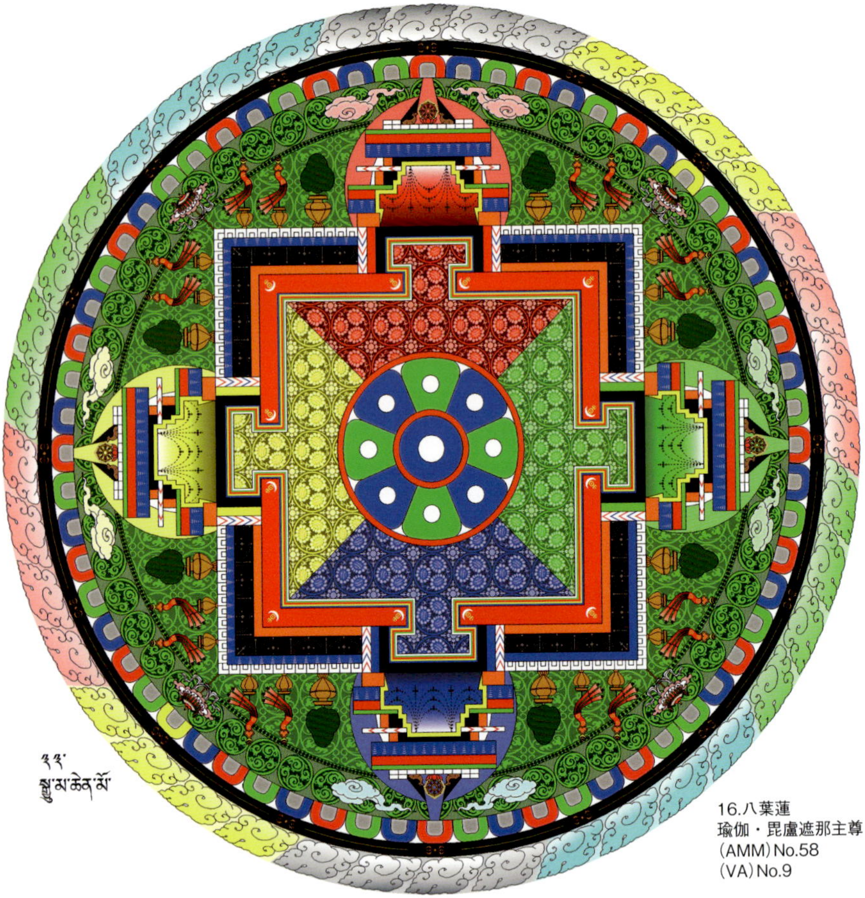

༣༣

སྒྱུ་མ་ཆེན་མོ

16.八葉蓮
瑜伽・毘盧遮那主尊
(AMM)No.58
(VA)No.9

『マハーマーヤー』は、無上瑜伽《ゆが》母タントラの一種で、このタントラの主尊ヘールカを通常、マハーマーヤーと呼ぶ。『アビサマヤ・ムクターマーラー』には、3種(広・中・略)のマハーマーヤー曼荼羅が説かれるが、これは広の曼荼羅に相当し、他の2種は「ミトラ百種」の巻(M-60, 61)に収録されている。本曼荼羅は赤色の八葉蓮華の形状で、その華芯に4面4臂《ひ》の主尊マハーマーヤーと妃のブッダダーキニーを描き、四方の蓮弁にヴァジュラダーキニー(東)・ラトナダーキニー(南)・パドマダーキニー(西)・ヴィシュヴァダーキニー(北)を配する。なおハンビッツ本は、四維にも尊格の座位を示す小円を描くが、これは四維の蓮弁上に描かれる瓶《びょう》とカパーラ(髑髏《どくろ》杯)を、尊格と誤認したものと思われる。またチャンキャ二世は、本曼荼羅の尊数を5尊とするが、『アビサマヤ・ムクターマーラー』は妃を尊数に入れて6尊としている。なおマハーマーヤーは阿閦《あしゅく》を部主とするが、妃のブッダダーキニーは毘盧遮那《びるしゃな》を部主とし、四方のダーキニーは、それぞれ阿閦・宝生《ほうしょう》・阿弥陀《あみだ》・不空成就《ふくうじょうじゅ》を部主とするため、内庭の塗り分けは、毘盧遮那を主尊とする瑜伽タントラと同じになっている。

34. ヨーガーンバラ五十八尊曼荼羅　58-deity Yogāmbara-maṇḍala

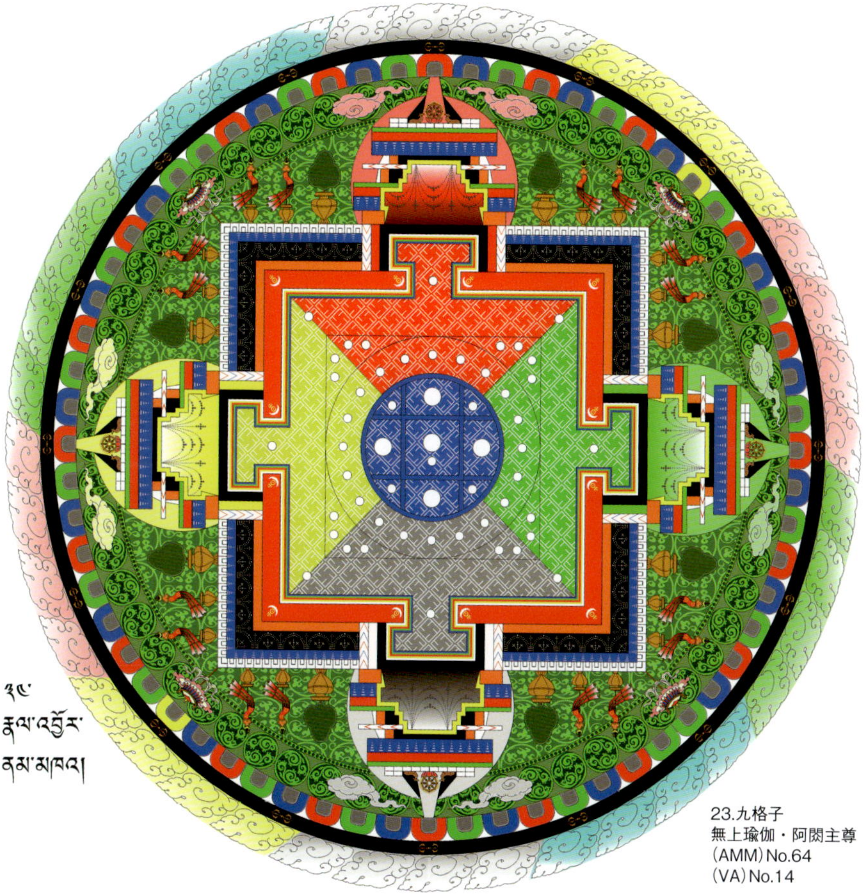

༣༩་
རྣལ་འབྱོར་
ནམ་མཁའ།

23.九格子
無上瑜伽・阿閦主尊
(AMM)No.64
(VA)No.14

本曼荼羅以後の２点は、『チャトゥシュピータ・タントラ』に説かれている。本曼荼羅は九格子の形状で、その中心に３面６臂《ひ》の主尊ヨーガーンバラと妃のジュニャーナダーキニーを描き、その四方にヴァジュラダーキニー(東)・ゴーラダーキニー(北)・ヴェーターリー(西)・チャンダーリー(南)の４女尊、四維にはシンヒニー(東北)・ビャーグリー(東南)・ジャンブキー(西南)・ウルーキー(西北)の４女尊を配する。さらに四方の４女尊の後にもダーキニー(東)・ディーピニー(北)・チューシニー(西)・カムボージー(南)の４女尊を配するが、ハンビッツ本は、これらの座位を欠いている。その外側の輪円には、プッカシー以下20尊の女尊が配される。さらに輪円の外にも、ハリ(ヴィシュヌ)をはじめとするヒンドゥー教の神々が24尊配されるので、尊数の合計は57尊に及ぶ。なお『パトラ・ラトナマーラー』は本曼荼羅の尊数を57尊とするが、チャンキャ２世は妃のジュニャーナダーキニーを加えて58尊とする。いっぽう内庭は、阿閦《あしゅく》を主尊とする無上瑜《ゆ》伽《が》タントラの塗り分けを採用している。

35. ジュニャーナダーキニー十三尊曼荼羅

13-deity Jñānaḍākinī-maṇḍala

༣༥།
ཡེ་ཤེས་མཁའ་འགྲོ

24.九格子
特殊
(AMM)No.65
(VA)No.4

『チャトゥシュピータ・タントラ』所説のジュニャーナ(智慧)ダーキニー曼荼羅は九格子の形状で、その中央に３面６臂《ひ》の主尊ジュニャーナダーキニーを描き、その周囲にヴァジュラダーキニー(東)・ゴーラダーキニー(北)・ヴェーターリー(西)・チャンダーリー(南)の４女尊を左旋に配する。いっぽう九格子の四維には、動物の頭をもつシンヒニー(獅子頭、東北)・ビャーグリー(虎頭、東南)・ジャンブキー(山犬頭、西南)・ウルーキー(梟頭、西北)の４女尊を配する。さらに曼荼羅の四門にはラージェンドリー(東)・ディーピニー(北)・チューシニー(西)・カムボージー(南)の４門衛(女尊)が配され、合計13尊から構成される。なおハンビッツ本は、本曼荼羅の内庭を、東(白)・南(緑)・西(赤)・北(黄)という、阿閦《あしゅく》を主尊とする無上瑜伽《ゆが》の塗り分けを左右反転させたパターンで塗り分けている。これは、それぞれ毘盧遮那《びるしゃな》・宝生《ほうしょう》・阿弥陀《あみだ》・不空成就《ふくうじょうじゅ》を部主とするヴァジュラダーキニー以下の４女尊が、通常の右旋ではなく、左旋に配されるためである。

36. 身《しん》口《く》意《い》具足《ぐそく》時輪《じりん》曼荼羅　Kāyavākcittapariniṣpanna-Kālacakra-maṇḍala

༣༦

དཔལ་དུས་ཀྱི་འཁོར་ལོ་

複合型
『時輪』
(AMM)No.73
(VA)No.26

『時輪タントラ』は、インドで最後に登場した密教聖典で、従来の父・母両タントラの理論を統合する不二《ふに》タントラとされ、インド密教発展の最終段階に位置している。その第３章に説かれる身口意具足時輪曼荼羅は、数多いインド・チベットの曼荼羅の中でも最も規模が大きく、曼荼羅の歴史的発展の究極的到達点といえる。この曼荼羅は、身口意を象徴する三重の楼閣構造をもち、中央の意密曼荼羅の八葉蓮華の中心には、主尊カーラチャクラと妃ヴィシュヴァマーターの父母仏が描かれる。その周囲の蓮弁にはクリシュナディープター等の８女尊が配され、その外側には『秘密集会《ひみつしゅうえ》』系の四仏・四仏母・六大菩薩・六金剛女《こんごうにょ》・六忿怒《ふんぬ》の主要尊が描かれる。本曼荼羅の度量法や楼閣各部分のデザインには、通常の曼荼羅と異なる点が多いが、ハンビッツ本は、楼閣や外周部のデザインを他の曼荼羅と同じように描いている。いっぽうその内庭は、黒(東)・赤(南)・黄(西)・白(北)という独特の塗り分けを採用している。これは宇宙論と曼荼羅を統合する、『時輪』独特の理論に基づくものである。

37. 金剛界五十三尊曼荼羅

53-deity Vajradhātu-maṇḍala

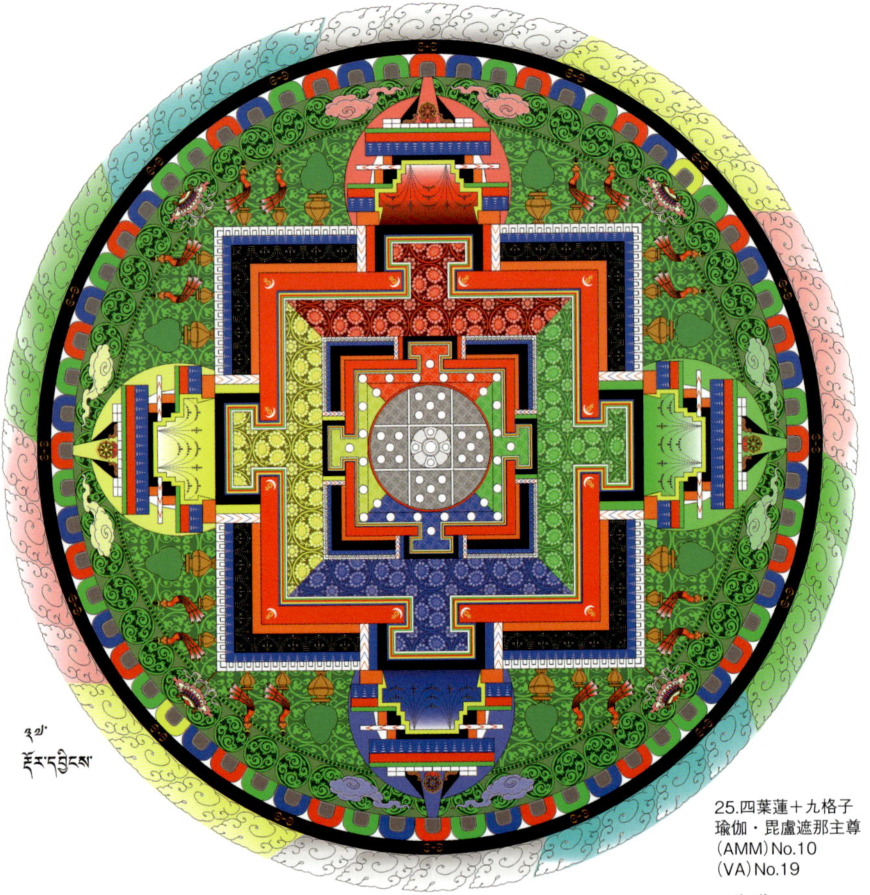

༣༧

རྡོར་དབྱིངས

25.四葉蓮＋九格子
瑜伽・毘盧遮那主尊
(AMM)No.10
(VA)No.19

日本の両界曼荼羅の一つに数えられる金剛界曼荼羅は、チベットでは瑜伽《ゆが》タントラの根本曼荼羅とされている。『ロンタ度量法』によれば、本曼荼羅は九格子に四葉蓮華を配したデザインで、中心に毘盧遮那《びるしゃな》(金剛界大日)を主尊として描き、その四方に金剛波羅蜜(東)・宝波羅蜜(南)・法波羅蜜(西)・羯磨《かつま》波羅蜜(北)の四波羅蜜を配する。いっぽう四方の格子には阿閦《あしゅく》と薩・王・愛・喜(東)、宝生《ほうしょう》と宝・光・幢《どう》・笑(南)、阿弥陀《あみだ》と法・利・因・語(西)、不空成就《ふくうじょうじゅ》と業・護・牙・拳(北)というように四仏と十六大菩薩を配する。また四維に嬉鬘歌舞《きまんかぶ》の内四供養と、香華灯塗の外四供養、外廊に賢劫《けんごう》十六尊、曼荼羅の四門には鉤索鏁鈴《こうさくされい》の四摂菩薩(男尊)を配する。このように本曼荼羅は53尊で構成されるが、本作品では、外側の楼閣に大きな空白を残している。これは、賢劫千仏を描くためのスペースと推定される。なお内庭は、毘盧遮那を主尊とする瑜伽タントラの塗り分けとすべきであるが、ハンビッツ本は内庭の南北(左右)の色を取り違えていたので、他作例を参照して訂正した。

38. 九仏頂三十七尊曼荼羅　37-deity Navoṣṇīṣa-maṇḍala

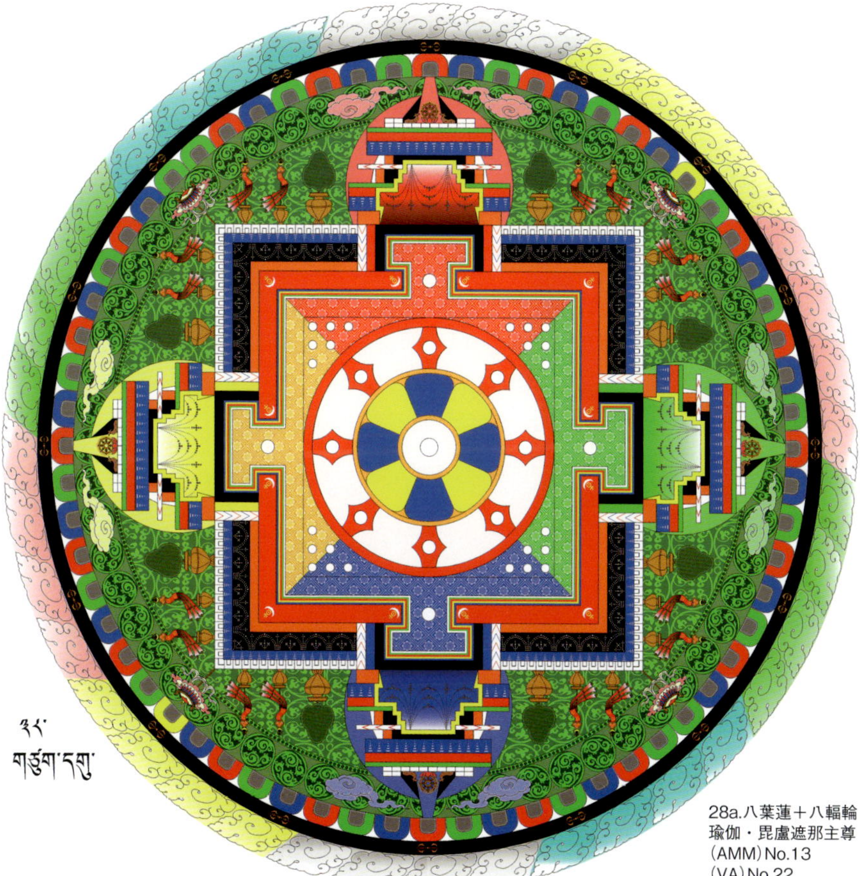

༣༨
གཙུག་དགུ

28a.八葉蓮＋八輻輪
瑜伽・毘盧遮那主尊
(AMM) No.13
(VA) No.22

九仏頂曼荼羅は、『悪趣清浄タントラ』の新訳本に説かれる根本の曼荼羅である。本曼荼羅は八輻輪の中心に八葉蓮華を描いた形状で、八葉蓮華の中心に釈迦如来を描き、八輻輪の輻上に金剛仏頂(東)・宝仏頂(南)・蓮華仏頂(西)・一切仏頂(北)・光仏頂(東南)・幢《どう》仏頂(西南)・利仏頂(西北)・傘仏頂(東北)の八仏頂を配する。さらに四維には八供養菩薩、四門には四摂菩薩、周囲の外廊には賢劫《けんごう》十六尊が配せられるので、尊数の合計は37尊となる。なお九仏頂曼荼羅は、チベットで多くの作例を遺しているが、それらのほとんどは八輻輪の中に八葉蓮華を描いていない。しかしトゥンガ３号窟天井画などの古作には八葉蓮華が描かれており、『ロンタ度量法』とハンビッツ本が、古い伝統を保持していることがわかる。なおハンビッツ本は、内庭を青(東)・白(南)・赤(西)・緑(北)と塗り分けているが、これは文献に典拠を見出せず、誤りである可能性が高い。本作品では、通常の瑜《ゆ》伽《が》タントラの塗り分けに改めたが、青(東)と白(南)を入れ換えて四仏頂の身色に一致させる方軌もある。

39. 法界《ほっかい》語《ご》自《じ》在《ざい》曼荼羅　Dharmadhātuvāgīśvara-maṇḍala

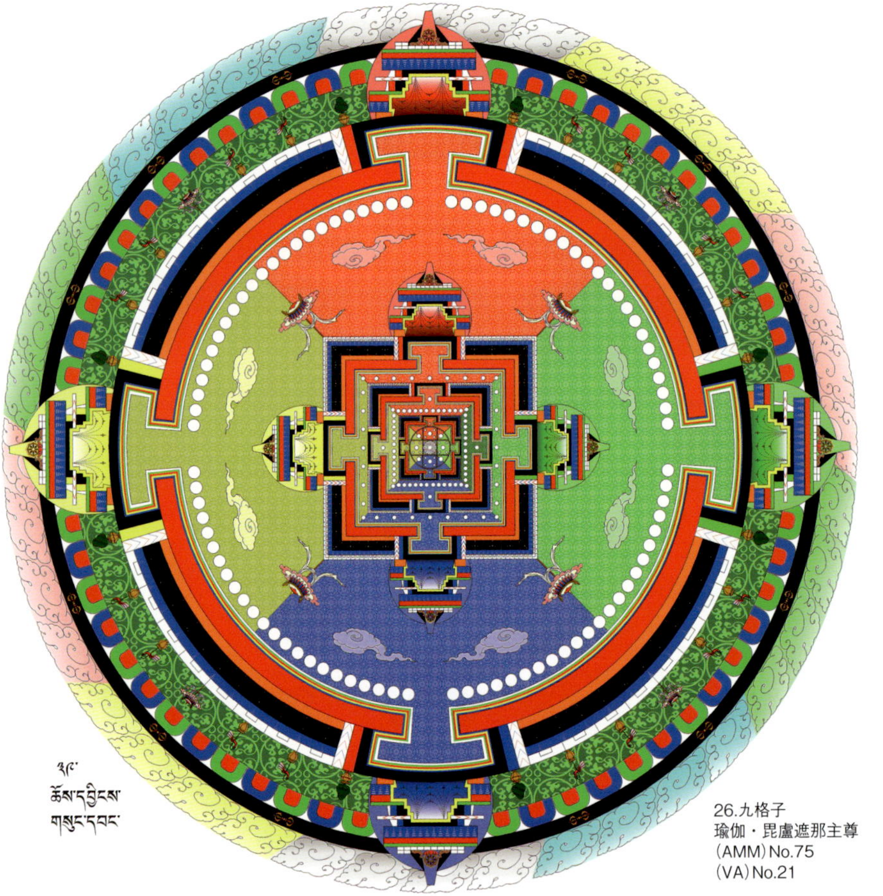

༣༩་
ཆོས་དབྱིངས་
གསུང་དབང་

26.九格子
瑜伽・毘盧遮那主尊
(AMM)No.75
(VA)No.21

法界語自在曼荼羅は、『文殊師利真実名経』に基づく大規模な曼荼羅である。全体は四重の入れ子構造で、中心部は九格子の中心に八葉蓮華を描いた形状となる。その華芯には4面8臂《ひ》の法界語自在文殊を主尊として描き、周囲の花弁には八大仏頂を配する。その外の格子には、四方に阿閦《あしゅく》・宝生《ほうしょう》・阿弥陀《あみだ》・不空成就《ふくうじょうじゅ》の四仏と十六大菩薩、四維には仏眼《ぶつげん》・マーマキー・白衣《びゃくえ》・ターラーの四仏母を描き、四門には四摂菩薩を配する。また外曼荼羅には菩薩の十二地(東)・十二波羅蜜(南)・十二自在(西)・十二陀羅尼(北)・四無礙《むげ》(四門)と、仏教の教理概念を尊格化した女神が並び、四維には内四供養を配する。さらに第三重には賢劫《けんごう》十六尊と八大明王が描かれ、円形の外周部にも、多数の護法天を配する。そのため全体の尊数は、119尊あるいは220尊に及び、瑜伽《ゆが》タントラの曼荼羅の最終到達点を示すものといえる。なおハンビッツ本は、その細部を描写するため、本曼荼羅を特別に2段打ち抜きで描いている。いっぽう内庭は、毘盧遮那《びるしゃな》を主尊とする瑜伽タントラの塗り分けを採用している。

40. ブータダーマラ三十四尊曼荼羅　34-deity Bhūtaḍāmara-maṇḍala

༤༠་
འབྱུང་པོ་འདུལ་
བྱེད་

37.九格子
無上瑜伽・阿閦主尊
(VA)No.23

本曼荼羅は、『ヴァジュラーヴァリー』所説の曼荼羅の中で唯一、行《ぎょう》タントラに分類されるが、とくに『大日経』と関係が深いというわけではない。『ロンタ度量法』によると、その曼荼羅は二重の外廊を伴う九格子の形状で、その中心には1面4臂《ひ》のブータダーマラを描き、その八方にマヘーシュヴァラ(東)・ヴィシュヌ(南)・ブラフマー(西)・カールティケーヤ(北)・ガナパティ(東北)・ラヴィ(東南)・ラーフ(西南)・ナンディケーシュヴァラ(西北)というヒンドゥーの神々を配する。第二重にはシュリー(東)・ティローッタマー(南)・シャシー(西)・ウマー(北)・ラトナシュリー(東南)・サラスヴァティー(西南)・スラスンダリー(西北)・アーブーティー(東北)というヒンドゥーの8女神を配する。第三重にはインドラ(帝釈天《たいしゃくてん》)以下の護方天(東北のみ伊舎那天に月天を加える)を配し、最外院にはシンハドヴァジャダーリニー(東)以下の8女神を配する。いっぽう内庭は、ブータダーマラが金剛手の化身とされるため、阿閦《あしゅく》を主尊とする無上瑜伽《ゆが》タントラの塗り分けが採用されている。

41. マーリーチー二十五尊曼荼羅　25-deity Mārīcī-maṇḍala

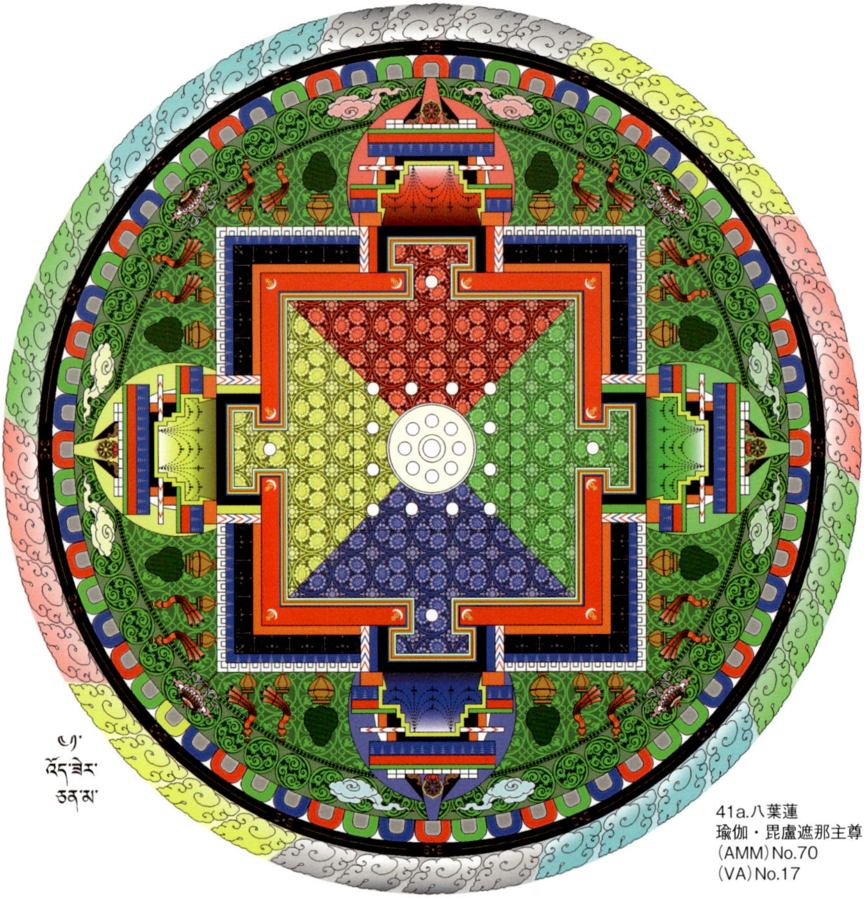

༤༡་
འོད་ཟེར་
ཅན་མ་

41a.八葉蓮
瑜伽・毘盧遮那主尊
(AMM)No.70
(VA)No.17

マーリーチー(摩利支天《まりしてん》)は日月の光、あるいは陽炎《かげろう》を神格化した女神である。この女神は、つねに日月の前にありながら、日月の神といえども、その姿を見ることができないところから、敵や盗賊から身を守る護身の神となった。『ロンタ度量法』によると、その曼荼羅は八葉蓮華の形状で、その華芯には3面6臂《ひ》のマーリーチーを描き、八方の蓮弁にはアルカマシ(東)・マルカマシ(南)・アンタルダーナマシ(西)・テージョーマシ(北)・ウダヤマシ(東南)・グルマシ(西南)・ヴァナマシ(西北)・チーヴァラマシ(東北)の8女尊を配する。外廊にはマハーチーヴァラマシ・ヴァラーハムキー(東)・パダークラマシ・ヴァラレー(南)・パラークラマシ・ヴァダレー(西)・ウールママシ・ヴァラーリ(北)の8女尊、四維にはヴァターリ(東南)・ヴァダーリ(西南)・ヴァラーリ(西北)・ヴァラーハムキー(東北)の4女尊、四門にはアーロー(東)・ターロー(南)・カーロー(西)・サトサローサムバムールダティ(北)を配する。これらの眷属《けんぞく》はマーリーチーの陀羅尼の各句を尊格化したもので、他に類を見ない。

42. パンチャラクシャー十三尊曼荼羅　13-deity Pañcarakṣā-maṇḍala

༤༢་ གྲལ་ལྔ།

42.四葉蓮×9
無上瑜伽・宝生主尊
(AMM) No.80
(VA) No.18

パンチャラクシャーとは、所作《しょさ》タントラに属する５篇の陀羅尼の総称で、これらを尊格化した女性尊もパンチャラクシャーと呼ばれる。本曼荼羅は八葉蓮華を中央と四方に配した形状で、中央の蓮華に主尊マハープラティサラー(大随求《だいずいく》)を描き、四方の蓮華にマハーサハスラプラマルダニー(大千摧砕、東)・マハーマントラアヌサーリニー(密呪随持、南)・マハーシーターヴァティー(大寒林、西)・マハーマユーリー(孔雀仏母、北)の４尊を配する。また内庭の四隅にはカーリー(東南)・カーララートリー(西南)・カーラカルニー(西北)・シュヴェーター(東北)の４女神、曼荼羅の四門には鉤索《こうさく》鏁《さ》鈴《れい》の四摂(女尊)を配する13尊形式となっている。なお『アビサマヤ・ムクターマーラー』は、これとは別の17尊形式の曼荼羅を説いている。いっぽう『ロンタ度量法』は、曼荼羅の内庭に８つの四葉蓮華を配する形状を説き、本曼荼羅については、種々の異説があることがわかる。いっぽう内庭は、『ニシュパンナヨーガーヴァリー』に説かれるパンチャラクシャーの部主にしたがって塗り分けられている。

43. ヴァスダーラー十九尊曼荼羅　19-deity Vasudhārā-maṇḍala

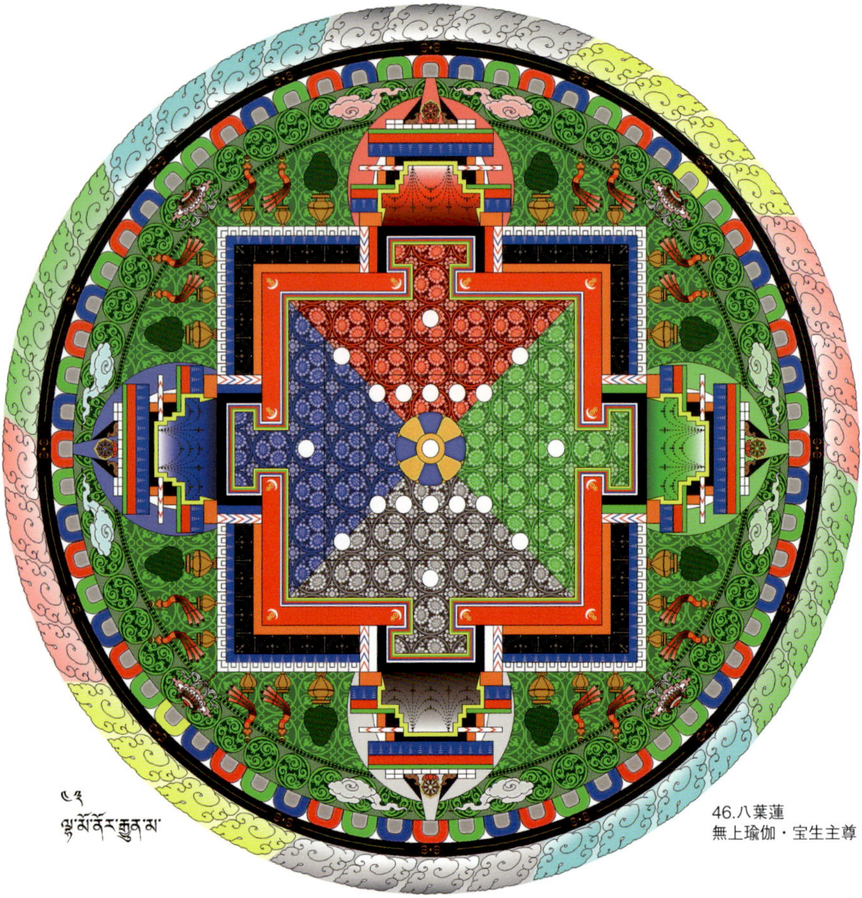

༤༣
ལྷ་མོ་ནོར་རྒྱུན་མ་

46.八葉蓮
無上瑜伽・宝生主尊

これ以後の３点は、『ヴァジュラーヴァリー』『アビサマヤ・ムクターマーラー』のいずれにも説かれず、『クリヤーサムッチャヤ』から補われた曼荼羅である。これら３点では、現存する『ヴァジュラーヴァリー』曼荼羅集の間で図像に相違が大きいが、本作品ではハンビッツ本に基づいて作図している。ヴァスダーラーは、財宝神ジャンバラの妃とされる女神で、インド・チベットでは豊穣の女神として広く信仰を集めた。その曼荼羅は、二重の外廊を伴う八葉蓮華の形状で、その華芯に主尊ヴァスダーラーを描き、第二重外廊の東西面に海潮音持金剛以下の６尊、四維にチヴィクンダリン以下の４夜叉《やしゃ》神、第三重の四維にグプタデーヴィー以下の４女神とプールナバドラ（満賢）以下の４夜叉神で、合計19尊を配する。なおハンビッツ本では、中央の蓮華を四葉蓮華のように描いていたが、『ロンタ度量法』と他作例にしたがって八葉蓮華に改めた。いっぽう内庭は、ヴァスダーラーが宝生《ほうしょう》如来を部主とするため、宝生を主尊とする無上瑜伽《ゆが》タントラの塗り分けを採用している。

44. グラハマートリカー二十一尊曼荼羅　21-deity Grahamātṛkā-maṇḍala

༤༤
ལྷ་མོ་རིག་བྱེད་མ་

49b.八葉蓮
瑜伽・毘盧遮那主尊

本曼荼羅は、『クリヤーサムッチャヤ』から補われた３種の中でも、作例によって相違が大きいが、本作品はハンビッツ本に基づいて作図した。この曼荼羅は星宿信仰に基づくが、伝統的に中心に描かれる日曜ではなく、西北隅に描かれるグラハマートリカー(執曜母)あるいはマハーヴィドヤー(大明)と呼ばれる女神が主尊となる。その形状は八葉蓮華で、その華芯に日曜を描き、八方の蓮弁上に月曜(東)・火曜(南)・水曜(西)・木曜(北)・金曜(東南)・土曜(西南)・羅睺《らご》(西北)・計都《けいと》の(東北)の八曜を配する。その外側の四方には、仏陀(東)・金剛手(南)・世自在《せじざい》(観音、西)・文殊(北)の４尊を描き、内庭の四隅には一切の曜(東北)・一切の星宿(東南)・一切の災厄(西南)と本曼荼羅の主尊グラハマートリカー(西北)を描く。さらに四門には持国・増長・広目・多聞の四天王が配され、合計21尊から構成されている。なお一切の曜・星宿・災厄は、九曜等をすべて描くこともあるが、ハンビッツ本では１尊で代表させている。内庭は、毘盧遮那《びるしゃな》を主尊とする瑜伽《ゆが》タントラの塗り分けを採用している。

45. 仏頂尊勝三十三尊曼荼羅

33-deity Uṣṇīṣavijayā-maṇḍala

༤༥་
གཙུག་ཏོར་
རྣམ་རྒྱལ་མ་

44b.四葉蓮＋八輻輪
瑜伽・毘盧遮那主尊

仏頂尊勝母は『仏頂尊勝陀羅尼』の信仰から派生した女性尊で、チベットでは長寿三尊の一尊として篤く信仰された。なお「ミトラ百種」の巻に仏頂尊勝九尊曼荼羅(M-4)が含まれるが、本作品は33尊からなる。この曼荼羅は八輻輪に十六葉蓮華を巡らした形状で、その中心に仏頂尊勝母を描き、八方の輻上には虚空《こくう》等生仏頂以下８尊の仏頂尊を配する。なお尊名から、これら八仏頂は四仏・四仏母に対応すると推定される。また16葉の蓮弁上には、『般若経《はんにゃきょう》』に説かれる十六空を尊格化した仏頂尊が配される。さらに曼荼羅の四隅と四門にも八葉蓮華が描かれ、四方の華芯には障碍《しょうげ》神(東)・死(南)・煩悩(西)・蘊《うん》(北)の四魔を退治する４尊の仏頂尊勝母、四隅には金剛鬘授寿女以下の４女尊を配する。また内庭は、毘《び》盧遮那《るしゃな》を主尊とする瑜伽《ゆが》タントラの塗り分けを採用している。なお『クリヤーサムッチャヤ』で付加されたグラハマートリカー・ヴァスダーラー・仏頂尊勝母は、ネパール仏教で老年式(ブラジャンコ)の本尊となる３尊であり、この事実は同書のネパール成立を示唆している。

「ミトラ百種」曼荼羅集

「ミトラ百種」をチベットに伝えたミトラヨーギン

1. 弁才天十三尊曼荼羅　13-deity Sarasvatī-maṇḍala

བྱ་རྒྱུད་
དང་པོ་དབྱངས་ཅན་
མའི་དཀྱིལ་འཁོར་ལྷ་༡༣

45.四輻輪
瑜伽・毘盧遮那主尊
(AMM)No.71

弁才天(サラスヴァティー)は、チベットで学問と芸術の女神として尊崇される。本曼荼羅は四輻輪の形状で、その中心に主尊弁才天を描き、四方の輻上には、金剛波羅蜜(東)・宝波羅蜜(南)・法波羅蜜(西)・羯磨《かつま》波羅蜜(北)の四波羅蜜を配する。さらに四維には、香華灯塗の内四供養、四門には鉤索鏁鈴《こうさくされい》の四摂(女尊)を配する13尊形式となっている。このように金剛界曼荼羅と同じ眷属《けんぞく》を伴うのは、弁才天が護法尊でありながら、しばしば高僧の勉学の守護尊となるなど、高い格式を誇っていたことが想起される。また眷属がすべて女性尊となるのは、弁才天が女神であるからと思われる。いっぽう内庭の塗り分けも、金剛界曼荼羅と同じく毘盧遮那《びるしゃな》を主尊とする瑜伽《ゆが》タントラと同じ配色になっている。なお弁才天の曼荼羅の作例は、チベットでもかなり稀であるが、日本ではインドに亡命中のギューメー密教学堂のスタッフが、弁天宗(大阪府)の委嘱を受けて、弁才天の立体曼荼羅を制作した事例があった。

2. 被葉衣《ひようえ》五尊曼荼羅　5-deity Parṇaśavarī-maṇḍala

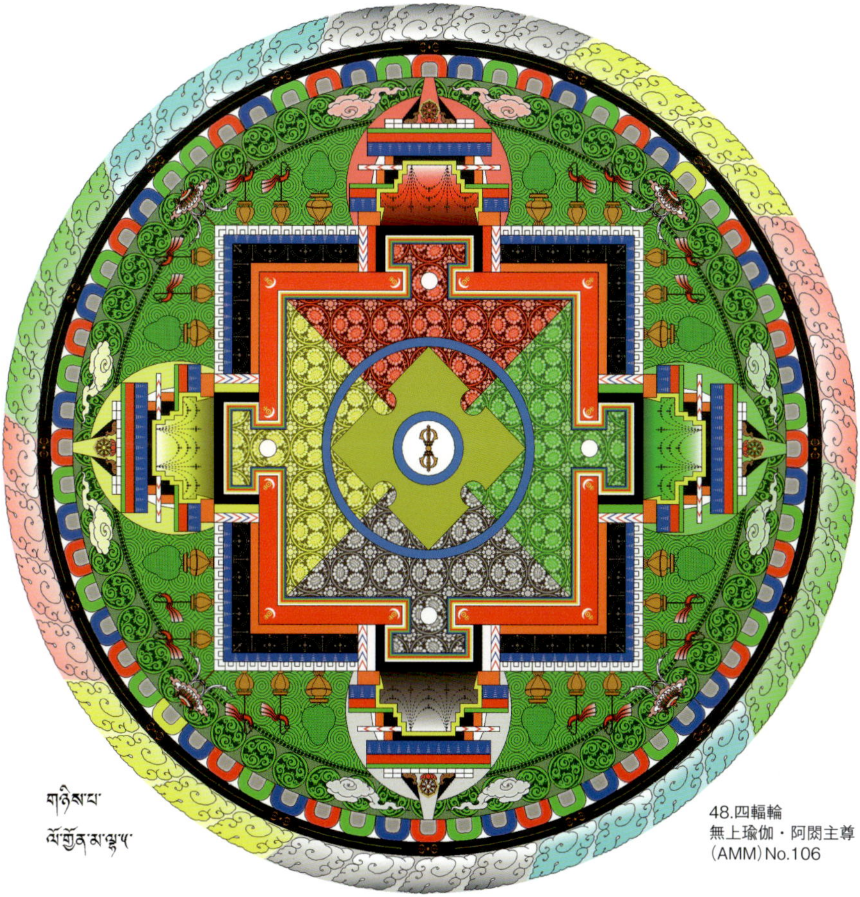

གཉིས་པ་
ལོ་གྱོན་མ་ལྷ་ལྔ་

48.四輻輪
無上瑜伽・阿閦主尊
(AMM)No.106

被葉衣は『パルナシャヴァリー』という陀羅尼を尊格化した女性尊である。なお『サーダナマーラー』には、3面4臂《ひ》・3面6臂像が説かれ、チベットには3面8臂像も伝えられる。インドでは疫病の流行を鎮める女神として信仰され、パルナシャヴァリーの彫像も数点出土している。いっぽう日本では、胎蔵界曼荼羅の蓮華部院に列するところから変化《へんげ》観音の一種とされ、葉衣観音とも呼ばれた。三十三観音の一つに数えるが、独立して信仰されることは稀である。なお『ロンタ度量法』によると、その曼荼羅の形状は不空羂索《けんじゃく》五尊曼荼羅(M-9)と同じ四輻輪で、その中心に3面6臂の主尊被葉衣(金剛杵《こんごうしょ》で示される)を描き、曼荼羅の四門には持国(東)・増長(南)・広目(西)・多聞(北)の四天王を配する。いっぽう内庭は、阿閦《あしゅく》を主尊とする無上瑜伽《ゆが》タントラと同じ塗り分けを採用している。『アビサマヤ・ムクターマーラー』は、被葉衣の部主を阿閦としているので、本作品はそれに従ったものと思われる。なお被葉衣の曼荼羅の作例は、チベットでも稀である。

3. 白傘蓋《びゃくさんがい》二十九尊曼荼羅　29-deity Sitātapatrā-maṇḍala

གསུམ་པ་གདུགས
དཀར་མོ་ལྷ་༢༩

43.八葉蓮＋十六輻輪
瑜伽・毘盧遮那主尊
(AMM)No.105

白傘蓋仏母は『白傘蓋仏頂陀羅尼』(『大仏頂陀羅尼』『楞厳呪《りょうごんしゅう》』ともいう)を尊格化した女性尊で、チベットでは国土を守り、災害を除く女神として篤く信仰された。白傘蓋には、千面千手千足、3面6臂《ひ》あるいは8臂、1面2臂像の3種のスタイルが知られ、それぞれ広・中・略の図像といわれるが、本曼荼羅の主尊は3面8臂像である。この曼荼羅は、八葉蓮華の外に十六輻輪を巡らせた形状で、八葉蓮華の華芯に主尊の白傘蓋仏母(作品では白い傘で示される)を描き、四方の蓮弁上には無敵大勢力母(東)・暴悪大力《だいりき》母(南)・熾盛《しじょう》威光母(西)・大力母(北)という4尊の女神、周囲の十六輻上にも16尊の女神を配する。これらの眷属《けんぞく》の名は他に類を見ないが、『白傘蓋仏頂陀羅尼』に白傘蓋の化身として説かれる女神であることがわかる。さらに四門には、仏頂尊勝九尊曼荼羅(M-4)と同じ四忿怒《ふんぬ》を配するので、尊数の総計は29尊に達する。いっぽう内庭は、毘盧遮那《びるしゃな》を主尊とする瑜伽《ゆが》タントラと同じ塗り分けになっている。これは白傘蓋が白色の身色をもち、毘盧遮那を部主とするためである。

4. 仏頂尊勝九尊曼荼羅

9-deity Uṣṇīṣavijayā-maṇḍala

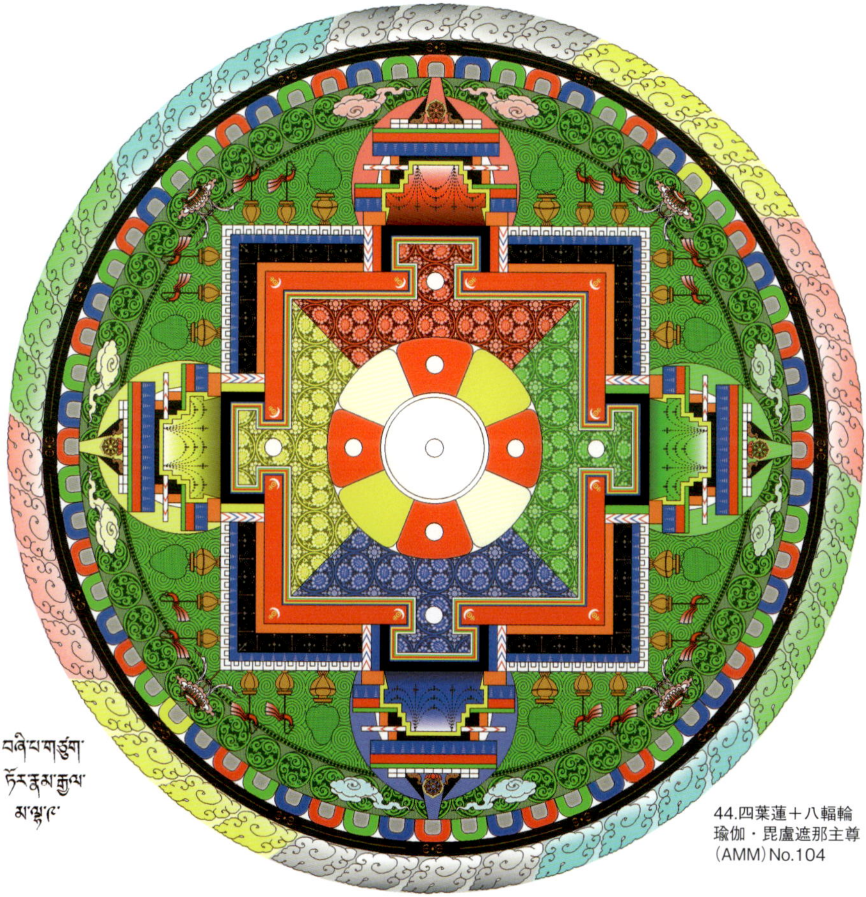

བཞི་པ་གཙུག་
ཏོར་རྣམ་རྒྱལ་
མ་ལྷ་༩་

44.四葉蓮＋八輻輪
瑜伽・毘盧遮那主尊
（AMM）No.104

仏頂尊勝母（ウシュニーシャヴィジャヤー）は『仏頂尊勝陀羅尼』の信仰から派生した女性尊で、チベットでは長寿三尊の一尊として篤く信仰された。本曼荼羅は、八葉蓮華の中心に仏頂尊勝母を描き、四方の蓮弁上に、観音（右）・金剛手秘密主（左）の２菩薩と２人の天人、四門には不動・欲王・青杖・大力《だいりき》の四忿怒《ふんぬ》を配する。なお仏頂尊勝母を観音・金剛手の両脇侍と四忿怒が囲繞《いにょう》する構図は、『サーダナマーラー』（No.211）に説かれており、本作品は、これに２人の天人を加えて、上下左右対称の曼荼羅にしたものと思われる。なおこのような仏頂尊勝母とその眷属《けんぞく》の造形化としては、元の至元年間に造営が始められた中国杭州市の飛来峰の石窟彫刻や、ギャンツェのペンコルチューデ仏塔１階の尊勝堂（ナムギェル・ラカン）の塑像などが挙げられる。なお本作品は、このような尊勝仏塔を、彫刻ではなく絵画によって忠実に表現したものとして、貴重な作例といえよう。なお『ロンタ度量法』は、本曼荼羅の形状を内側が四葉蓮華、外側は八輻輪と説明しているが、ハンビッツ本とは一致しない。

5. ジャンバラ九尊曼荼羅　9-deity Jambhala-maṇḍala

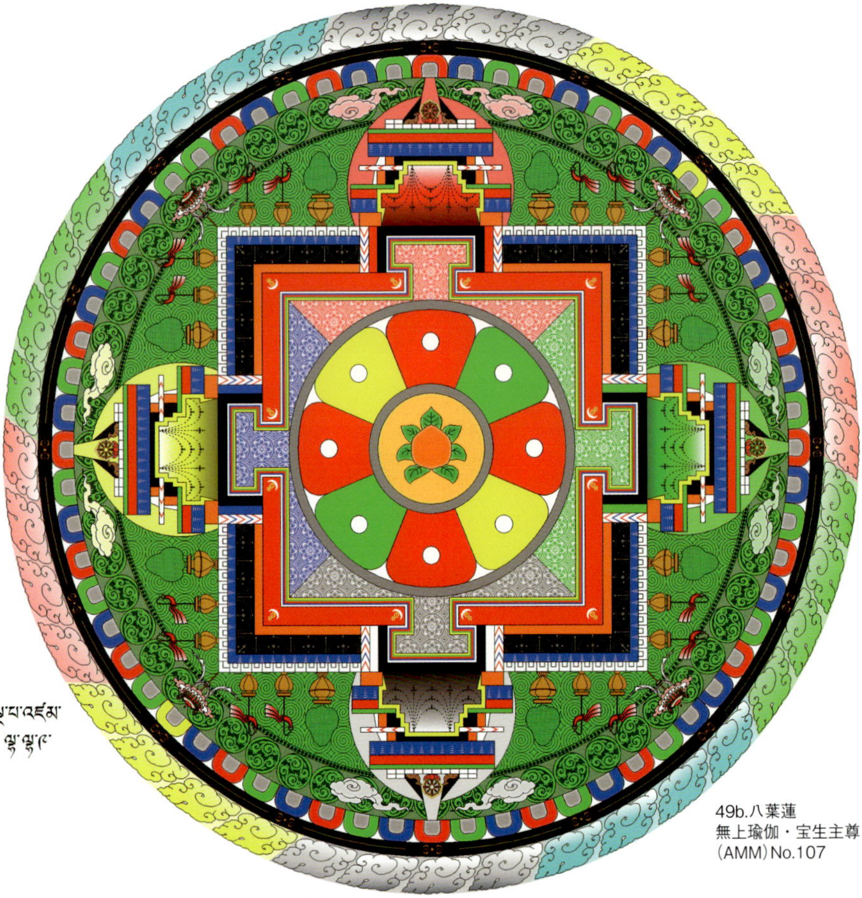

ལྷ་པ་འཛམ་
ལྷ་ལྷ་ཁ་

49b.八葉蓮
無上瑜伽・宝生主尊
(AMM)No.107

ジャンバラ(宝蔵神)は夜叉《やしゃ》神の一種で、チベットでは財宝神として尊崇される。夜叉神には戦闘神と福神の両面があるが、ジャンバラは、夜叉神の中でも財宝神の側面が強調された尊格である。本曼荼羅は八葉蓮華の形状で、中心には主尊黄色ジャンバラ(シトロンの果実で示される)と妃のヴァスダーラーを描き、周囲の蓮弁には、それぞれ妃を伴う①マニバドラ(宝賢)、②プールナバドラ(満賢)、③ダナダ、④ヴァイシュラヴァナ(毘沙門《びしゃもん》)、⑤チャラネーンドラ、⑥ケーリマーリン、⑦ヴィチトラクンダリン、⑧ムケーンドラの八大夜叉大将を配する。なお本曼荼羅は、宝生《ほうしょう》を部主とする財宝神ジャンバラが主尊となるため、内庭は、無上瑜伽《ゆが》タントラの主尊阿閦《あしゅく》を宝生に入れ換えた塗り分けになっている。ジャンバラの曼荼羅は、「ゴル曼荼羅集」には含まれないが、インドからはジャンバラに八大夜叉大将を配した種字《しゅじ》曼荼羅や立体曼荼羅(現状では眷属《けんぞく》が5尊残存)も出土しており、かつてはインドで、ジャンバラが財宝神として広く信仰されたことを物語っている。

6. 釈迦牟尼三十五尊曼荼羅　35-deity Śākyamuni-maṇḍala

དྲུག་པ་
ཤཱཀྱ་ཐུབ་པ་
ལྷ་ ༣༥་

40.三重八葉蓮
無上瑜伽・宝生主尊
(AMM)No.102

本曼荼羅は「ミトラ百種」の巻で、釈迦如来を主尊とする唯一の曼荼羅である。なお『アビサマヤ・ムクターマーラー』には『小字般若経《はんにゃぎょう》』所説の釈迦牟尼仏陀羅尼Oṃ mune mune mahāmunaye svāhāが説かれており、本曼荼羅は、この陀羅尼の信仰から発展したものと推定される。その構造は三重の八葉蓮華となり、蓮華の華芯に釈迦牟尼仏、初重の八葉蓮華に金剛手・観音・文殊・虚空蔵《こくぞう》・地蔵・除蓋障《じょがいしょう》・弥勒・普賢《ふげん》の八大菩薩、第二重に八大比丘、第三重には十方天、四維には外四供養、四門には四天王を配する35尊構成になっている。なお三重の八葉蓮華をもつ曼荼羅は、「ミトラ百種」の中では本作品だけであるが、日本にも同じパターンが、別尊曼荼羅の一つ、仏眼《ぶつげん》曼荼羅に見られるのは興味深い。いっぽう本曼荼羅の内庭の塗り分けは、ジャンバラ九尊曼荼羅(M-5)と同じく無上瑜伽《ゆが》タントラの主尊阿閦《あしゅく》を宝生《ほうしょう》と入れ換えたものになっている。しかし釈迦如来と宝生如来は関係がなく、この塗り分けは、曼荼羅の四方を須弥山《しゅみせん》世界の東西南北の大陸(四大洲)の色に一致させたものと思われる。

7. 白色文殊五尊曼荼羅　5-deity maṇḍala of White Mañjughoṣa

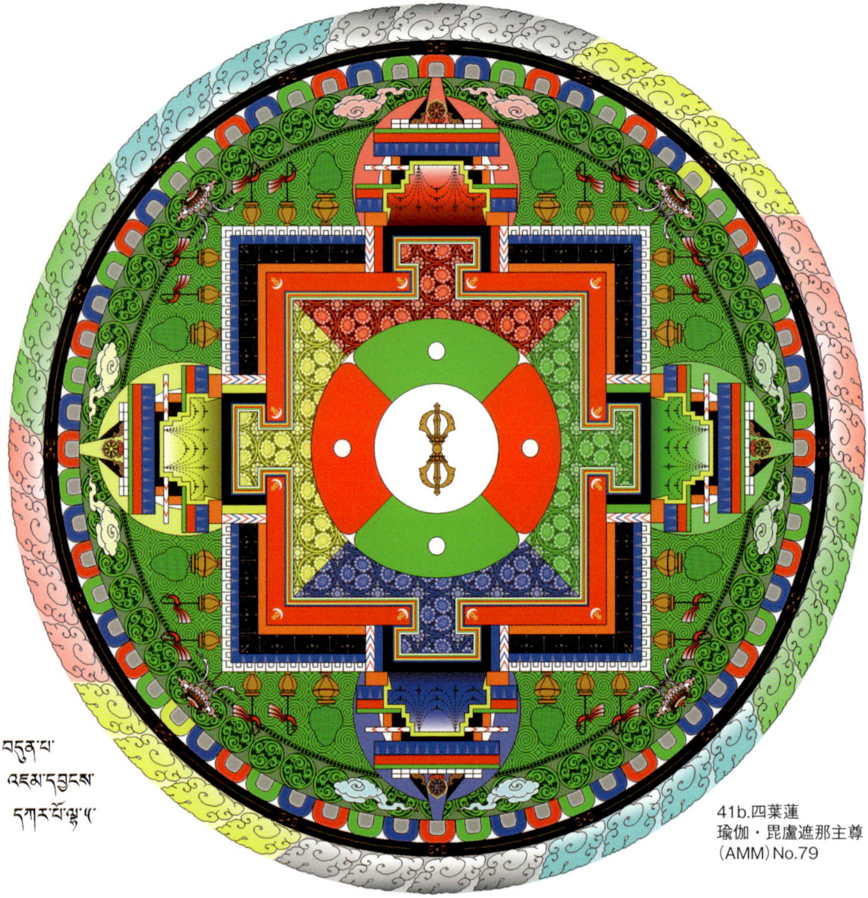

བདུན་པ་
འཇམ་དབྱངས་
དཀར་པོ་ལྷ་༥་

41b.四葉蓮
瑜伽・毘盧遮那主尊
(AMM)No.79

この曼荼羅は、アラパチャナの５字を真言とする文殊菩薩を主尊とする。なお『アビサマヤ・ムクターマーラー』では「般若《はんにゃ》輪アラパチャナ」と呼ばれるが、『サーダナマーラー』所収の「般若輪文殊サーダナ」は瑜伽《ゆが》タントラ系の成就法で、本曼荼羅とは一致しない。その中心部のデザインは四葉蓮華で、蓮華の華芯に身色白色で１面２臂《ひ》の文殊菩薩(本作品では金剛杵《こんごうしょ》で示される)、四方の蓮弁に光網(東)・月光《がっこう》(南)・髻設尼(西)・優波髻設尼(北)という４尊の眷属《けんぞく》を配する。そして文殊の五字真言は、曼荼羅を構成する５尊に対応するとされている。なおこれらの眷属は、日本の胎蔵界曼荼羅の文殊院にも列せられる。いっぽう「ゴル曼荼羅集」には、これと同じ配置のアラパチャナ文殊曼荼羅(No.21)が含まれるが、その形状は四葉蓮華ではなく八葉蓮華となり、四維の蓮弁には甘露瓶が描かれている。またアラパチャナ文殊曼荼羅は、「ゴル曼荼羅集」では所作《しょさ》タントラではなく行《ぎょう》タントラに分類されている。

8. 大悲観音十三尊曼荼羅

13-deity Mahākāruṇika-maṇḍala

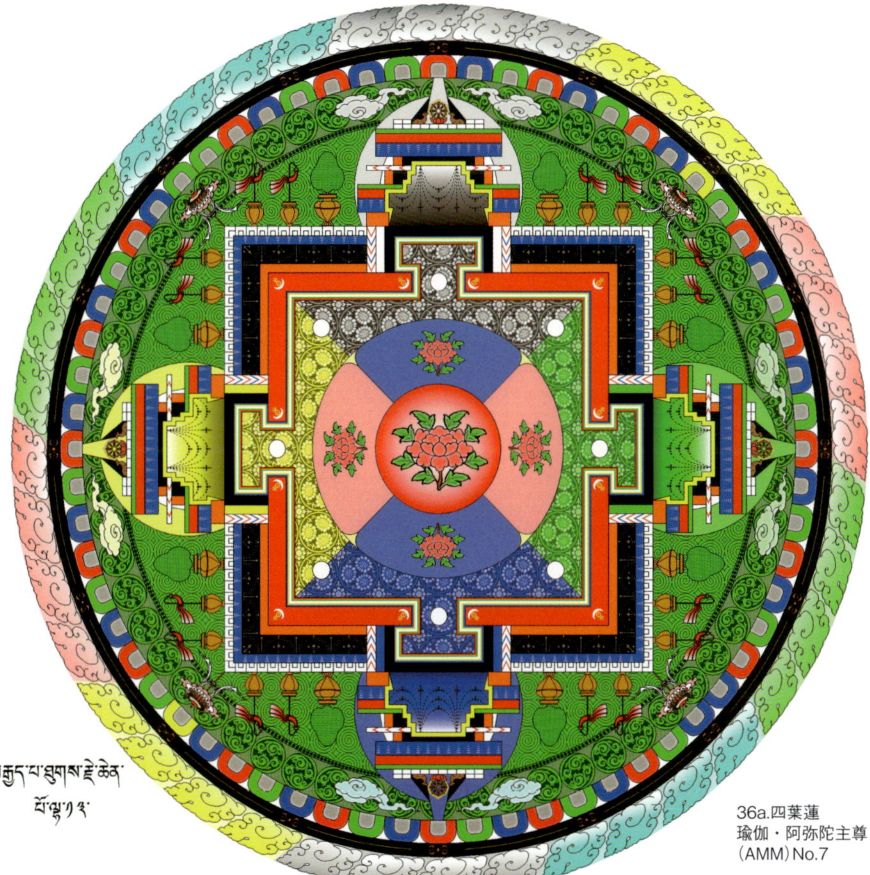

བརྒྱད་པ་ཐུགས་རྗེ་ཆེན་
པོ་ལྷ་༡༣་

36a.四葉蓮
瑜伽・阿弥陀主尊
(AMM)No.7

チベットで大悲観音曼荼羅というと、普通は尼僧ラクシュミーが創始した十一面観音の曼荼羅を指すが、本作品は『カーランダビューハ』(大乗荘厳宝王経)所説の四臂《しひ》観音(本作品では蓮華で示される)を主尊としている。『カーランダビューハ』は、有名な「オン・マ・ニ・ペ・メ・フン」の六字真言を説き、チベット・ネパールでは観音信仰の根本聖典とされている。その中心部は四葉蓮華で、主尊左右の蓮弁には持摩尼・持真珠、前後には自在王と聖観音の4尊を描く。さらに本曼荼羅は、外の四維に外四供養、四門に鉤索鏁鈴《こうさくされい》の4女尊を加えて、13尊から構成されている。なお本作品は、阿弥陀を部主とする観音が主尊となるため、内庭は、瑜伽《ゆが》タントラの主尊毘盧遮那《びるしゃな》を阿弥陀《あみだ》と入れ換えた塗り分けになっている。本曼荼羅は、『カーランダビューハ』所説の無量寿・持摩尼・六字大明の三尊を中心とする曼荼羅が発展したものと考えられる。なお「ゴル曼荼羅集」には、外側の配置のみ異なるソンツェンガムポ王流二十三尊曼荼羅(No.130)が含まれるが、いずれもチベットにおける作例は稀である。

9. 不空羂索《けんじゃく》五尊曼荼羅　5-deity Amoghapāśa-maṇḍala

48.四輻輪
瑜伽・毘盧遮那主尊
(AMM)No.90

དགུ་པ་དོན་ཞགས་
ལྷ་ལྔ་

不空羂索五尊は、『不空羂索神変真言経』の主要尊を抽出したものとされ、チベットには複数の組み合わせが知られるが、もっとも一般的なものは、1面2臂《ひ》の観音に不空羂索(東)・馬頭(南)・一髻羅刹(西)・毘倶胝《びぐち》(北)を配したものである。『アビサマヤ・ムクターマーラー』は、これと同一の5尊曼荼羅を説くが、主尊をカサルパニと呼んでいる。いっぽう「ゴル曼荼羅集」は、この5尊に11尊を付加した不空羂索十六尊曼荼羅(No.12)を収録している。さらに不空羂索五尊の曼荼羅は、敦煌莫高窟《ばっこうくつ》から出土した仏画にも複数含まれ、この尊格群が、8世紀から10世紀にかけてインドからシルクロードで広く信仰されたことを物語っている。これらの作例には、いずれも眷属《けんぞく》の付加が見られるが、本曼荼羅は四輻輪に観音(蓮華で示される)と4尊の眷属を配しただけのシンプルな構成となっている。なおチベットでは、これら5尊が仏像としても造立された。代表的な作例としては、ギャンツェのペンコルチューデ仏塔2層西面の不空羂索堂(トゥンシャク・ラカン)本尊像を挙げることができる。

10. 獅子吼《ししく》観音五尊曼荼羅　5-deity Siṃhanāda-maṇḍala

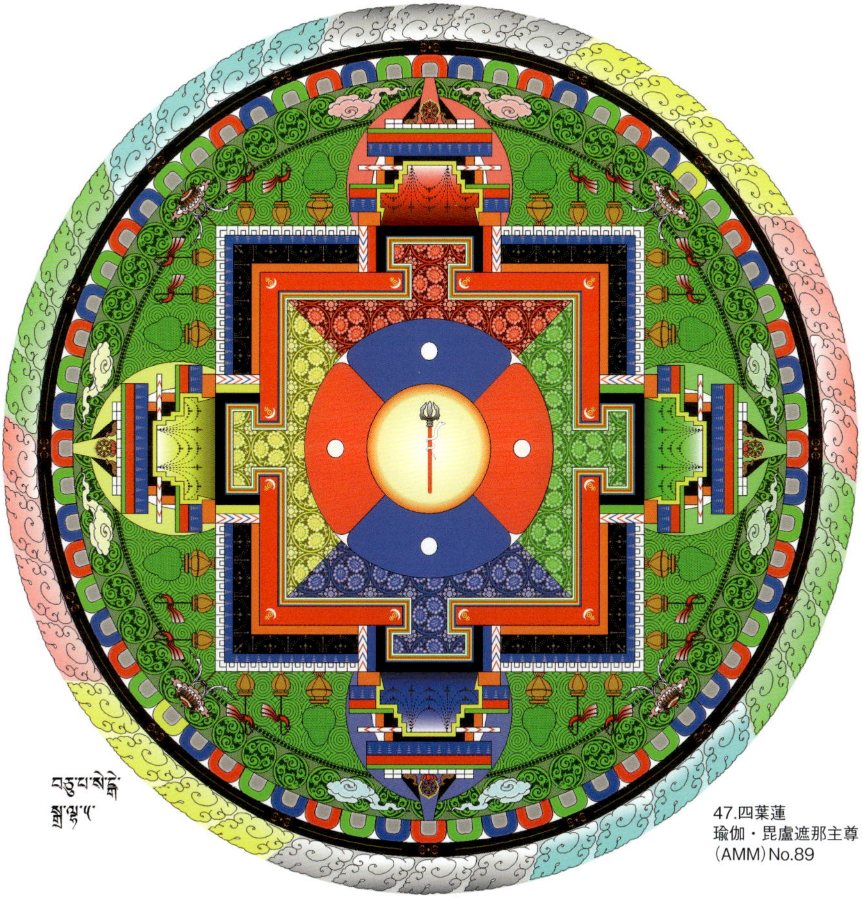

བཅུ་པ་སེ་ངྒེ་
སྒྲ་ལྔ་པ་

47.四葉蓮
瑜伽・毘盧遮那主尊
(AMM) No.89

獅子吼観音は変化観音の一種で、１面２臂《ひ》で獅子の上に輪王坐で坐す姿を図像学的特徴とする。インドからは複数の優れた作品が出土しているが、その成立は９世紀以後と遅れるため、日本には伝播しなかった。なおこの観音は、白蛇の巻き付いた三叉戟《さんさげき》をシンボルとするが、これにはヒンドゥー教のシヴァ神の影響がうかがえる。またこの観音は龍神の調伏者とされ、その陀羅尼は、病気平癒に絶大な効験があるとされた。なおチベットでは、ハンセン病が悪龍の祟りと考えられたため、龍神を調伏する獅子吼観音は、特異な信仰を集めることになった。本作品では、四葉蓮華の華芯にこの観音の三昧耶形《さんまやぎょう》である白蛇の巻き付いた三叉戟を描き、４葉の蓮弁には四仏を配する。なお『アビサマヤ・ムクターマーラー』には、周囲の四仏は阿弥陀《あみだ》の位置(西)に毘盧遮那《びるしゃな》を描くとあるので、内庭の塗り分けは、瑜伽《ゆが》タントラの主尊毘盧遮那を阿弥陀と入れ換えたものにしなければならないが、ハンビッツ本では通常の瑜伽タントラの塗り分けを採用している。

11. 馬頭十七尊曼荼羅　17-deity Hayagrīva-maṇḍala

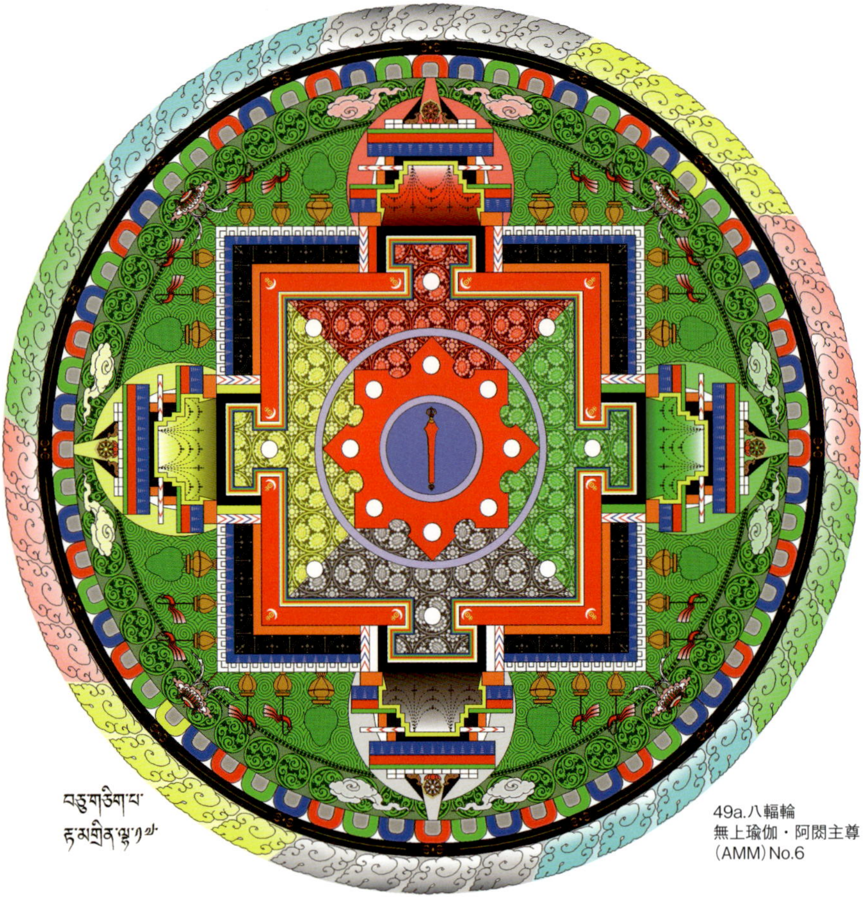

བཅུ་གཅིག་པ་
རྟ་མགྲིན་ལྷ་༡༧

49a.八輻輪
無上瑜伽・阿閦主尊
(AMM)No.6

この曼荼羅は、右手にアカシアの棍棒を持ち、左手は人差指を立てて祈克印を結ぶ、2臂《ひ》の馬頭尊を主尊とする。なお日本では、馬頭尊を馬頭観音と呼び、変化《へんげ》観音に分類するが、チベットでは一般に蓮華部の忿怒《ふんぬ》尊とする。『アビサマヤ・ムクターマーラー』によれば、曼荼羅の基本パターンは八輻輪で、その中心に馬頭尊(本作品では棍棒で示される)、八輻輪の輻上に最勝(東)・ニーラダンダ(東南)・大威徳(南)・不動(西南)・大吽《だいうん》(西)・タッキラージャ(西北)・甘露軍荼利《ぐんだり》(北)・降三世《ごうざんぜ》(東北)の八忿怒を配する。さらに内庭の四隅には香華灯塗の外四供養、曼荼羅の四門には四摂菩薩を配するので、尊数は17尊に達する。なお馬頭尊は蓮華部に属するので、内庭は阿弥陀主尊の塗り分けとなるはずだが、ハンビッツ本では阿閦《あしゅく》主尊の無上瑜伽《ゆが》タントラと同じ塗り分けを採用している。なお「ゴル曼荼羅集」には、馬頭尊の曼荼羅が複数収録されるが、本曼荼羅と同一のものは含まれていない。また現在のところ、本曼荼羅を彩色タンカとして描いた作品も知られていない。

12. 不動十一尊曼荼羅　11-deity Acala-maṇḍala

བཅུ་གཉིས་པ་
མི་གཡོ་བ་ལྷ་༡༡་

36b.四葉蓮
無上瑜伽・阿閦主尊
(AMM)No.81

この曼荼羅は、右手で水晶の剣を振り上げ、左手は祈克印を結んで索《さく》を持つ、身色青黒の不動尊を主尊とする。なお曼荼羅の形状について、『ロンタ度量法』は四葉蓮華を規定するが、『アビサマヤ・ムクターマーラー』は十輻輪と説き、ハンビッツ本はこれに一致する。十輻輪の中心には不動尊(本作品では剣で示される)、輻上には十忿怒《ふんぬ》が配されるが、『アビサマヤ・ムクターマーラー』は十忿怒の尊名を説いていない。通常は『秘密集会《ひみつしゅうえ》』の十忿怒を指すが、『秘密集会』の十忿怒には不動尊が含まれるので主尊と重複することになる。馬頭十七尊曼荼羅(M-11)では、主尊と重複する西方の忿怒尊を、大吽《だいうん》という別の忿怒尊に入れ換えていたが、本曼荼羅でもそのような入れ換えがなされていたのかも知れない。なお不動尊の部主については諸説あるが、ハンビッツ本では金剛部に属すると考え、阿閦《あしゅく》主尊の無上瑜伽《ゆが》タントラと同じ塗り分けを採用している。いっぽう「ゴル曼荼羅集」には不動九尊曼荼羅(No.48)が収録されるが、無上瑜伽系であり本曼荼羅とは一致しない。

13. 金剛摧破《さいは》十三尊(二十三尊?)曼荼羅　23-deity Vajravidāraṇa-maṇḍala

བཅུ་གསུམ་པ་
རྡོ་རྗེ་རྣམ་འཇོམས་ལྷ་ཀ་ཉ་

39.四輻輪
無上瑜伽・阿閦主尊
(AMM)No.103

金剛摧破(ヴァジュラヴィダーラナ)は、金剛手の陀羅尼『壊相《えそう》金剛陀羅尼』(ヴァジュラヴィダーラニー)の威力を尊格化したものである。この陀羅尼は、日本ではポピュラーでないが、チベットでは吐蕃《とばん》時代から広く信仰されていた。チベットには、多様な金剛摧破の図像が伝えられるが、本曼荼羅は、身色緑色で、右手で羯磨《かつま》金剛を持ち、左手は祈克印を結んで金剛鈴を体側に引き寄せる忿怒《ふんぬ》形像(本作品では羯磨金剛で示される)を主尊とする。曼荼羅の形状は四輻輪で、四方の輻上には金剛暴悪(東、rtum poをgtum poに訂正)・金剛橛《けつ》(南)・金剛棒(西)・金剛鎚(北)を配する。その外には二重の外廊が巡り、内側に十方天、外側には八吉祥の女神を配する。なお八吉祥の女神とは、阿閦《あしゅく》十三尊曼荼羅(M-21)の眷属《けんぞく》の女神と同一と思われる。これらを合計すると23尊となるが、ハンビッツ本の銘文には13尊とある。しかし諸尊の座位は23個描かれているので、13尊は23尊の書き誤りと思われる。いっぽう内庭は、金剛摧破が金剛手の化身《けしん》とされるため、阿閦を主尊とする無上瑜伽《ゆが》タントラの塗り分けを採用している。

14. 経流金剛手九尊曼荼羅　9-deity Vajrapāṇi-maṇḍala

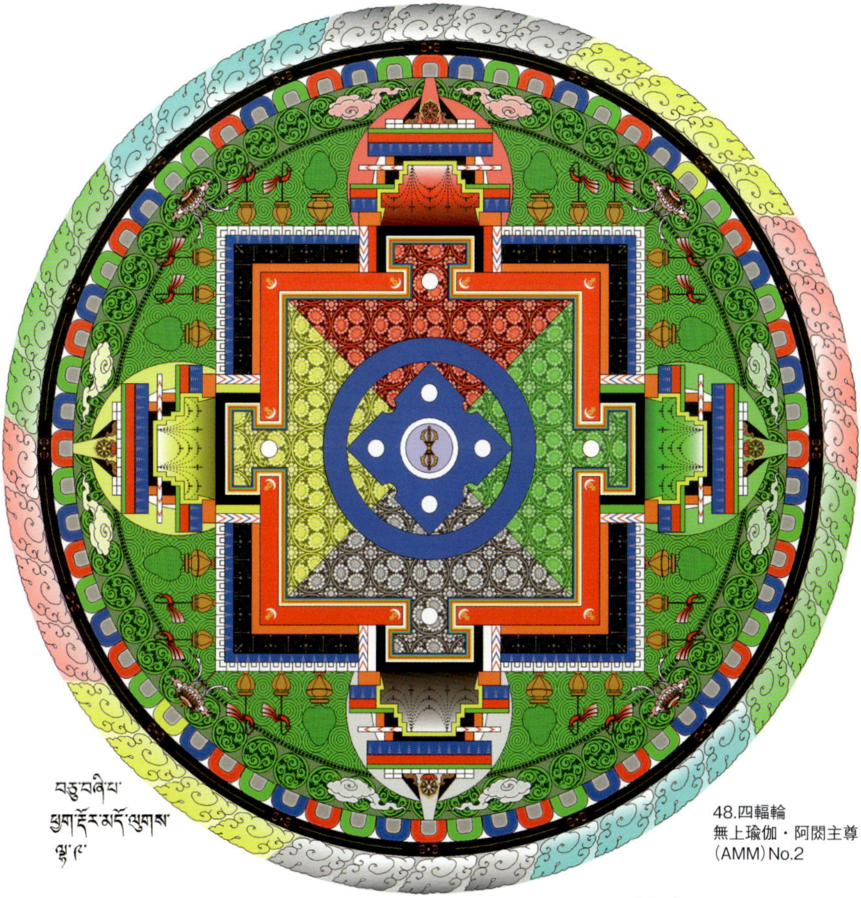

བཅུ་བཞི་པ་
ཕྱག་རྡོར་མདོ་ལུགས
ལྷ་༩

48.四輻輪
無上瑜伽・阿閦主尊
(AMM)No.2

『アビサマヤ・ムクターマーラー』によれば、この曼荼羅は阿闍梨《あじゃり》龍樹が、経典と陀羅尼に随順して制作したものとされる。なお『チベット大蔵経』には龍樹造とされる『金剛手曼荼羅儀軌《ぎき》』(北京No.3712)が収録されており、本曼荼羅の典拠はこのテキストと考えられる。本曼荼羅は四輻輪の形状で、その中心に1面2臂《ひ》で、右手に金剛杵《こんごうしょ》を執り、左手で祈克印を結ぶ主尊執金剛秘密主(本作品では金剛杵で示される)を描き、四方の輻上には金剛夜叉《やしゃ》(東)・金剛羅刹《らせつ》(南)・金剛大曜(西)・金剛起尸(北)を配する。さらに曼荼羅の四門には、鉤索鏁鈴《こうさくされい》の四門衛(女尊)を配する。いっぽう内庭は、金剛手を主尊とする他の曼荼羅と同じく、阿《あ》閦《しゅく》を主尊とする無上瑜伽《ゆが》タントラの塗り分けを採用している。なお本曼荼羅は、他の曼荼羅集には収録されず、彩色タンカとして描いた作品も知られないが、「ナルタン図像集」には、本曼荼羅の主尊である経流金剛手の図像が収録されている。

15. 甘露滴金剛手独尊曼荼羅　Single-deity Vajrapāṇi-maṇḍala

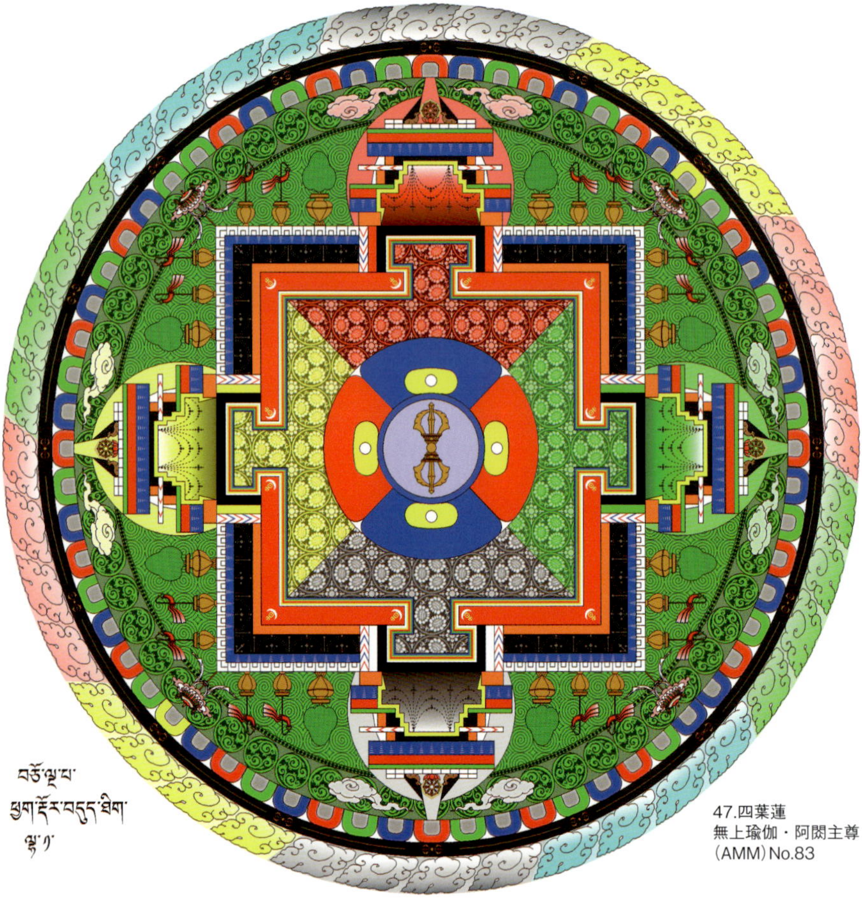

བཅོ་ལྔ་པ་
ཕྱག་རྡོར་བདུད་ཐིག་
ལྷ་ཀ་

47.四葉蓮
無上瑜伽・阿閦主尊
(AMM)No.83

『アビサマヤ・ムクターマーラー』によれば、甘露滴金剛手曼荼羅は四葉蓮華の形状で、３面６臂《ひ》の青衣金剛手(本作品では金剛杵《こんごうしょ》で示される)を主尊とする独尊曼荼羅である。なお主尊の金剛手は、６臂のうちの２手で、悪しき蛇を捉えて食する図像を示すので、悪龍の調伏者と考えられていたらしい。この曼荼羅が、なぜ「甘露滴」(ドゥーツィ・ティクパ)と呼ばれるかは、テキストにも明確な記述がない。しかし『アビサマヤ・ムクターマーラー』には、主尊の四方に五智を象徴する金剛杵を観想するとあり、ハンビッツ本で主尊の四方に描かれた黄色の楕円と白い円は、甘露滴と微細な金剛杵を表現したものと推定される。いっぽう内庭は、金剛手を主尊とする他の曼荼羅と同じく、阿閦《あしゅく》を主尊とする無上瑜伽《ゆが》タントラの塗り分けを採用している。なお本曼荼羅は、他の曼荼羅集には収録されず、彩色タンカとして描いた作品も知られていない。主尊の甘露滴金剛手も、「ミトラ百種」の主尊をすべて収録した図像集以外には現れず、その信仰の流布は限定的であったと思われる。

16. 青衣《しょうえ》金剛手独尊曼荼羅　Single-deity Nīlāmbaradharavajrapāṇi-maṇḍala

བཅུ་དྲུག་པ་
ཕྱག་རྡོར་གོས་
སྔོན་ཅན་ལྷ་ཀ་

49b.八葉蓮
無上瑜伽・阿閦主尊
(AMM)No.84

青衣金剛手とは、所作《しょさ》タントラ系の忿怒《ふんぬ》形の金剛手を指す呼称であるが、『アビサマヤ・ムクターマーラー』が、本曼荼羅を「要略」(ドルドゥーパ)と呼ぶように、これは青衣金剛手を主尊とする曼荼羅の中でも、単純なものの一つといえる。本曼荼羅は、右手に金剛杵《こんごうしょ》を執り、左手に祈克印を結ぶ1面2臂《ひ》の青衣金剛手(作品では金剛杵で示される)を八葉蓮華の華芯に描き、周囲の八葉には、チベット文字で忿怒尊の種字《しゅじ》「吽《うん》」Hūṃ字を描く。『アビサマヤ・ムクターマーラー』は、本曼荼羅の形状を四葉蓮華とするが、『ロンタ度量法』は八葉蓮華を説き、ハンビッツ本もこれと一致する。なお『アビサマヤ・ムクターマーラー』は、曼荼羅の形状を四葉蓮華としながら、八葉に8つの吽字を布置すると規定するので、前後で矛盾するように思われる。ミトラヨーギンの真意は、四葉蓮華を9つ生起し、それに主尊と8つの吽字を布置することだったのかもしれない。いっぽう内庭は、金剛手を主尊とする他の曼荼羅と同じく、阿閦《あしゅく》を主尊とする無上瑜伽《ゆが》タントラの塗り分けを採用している。

17. 金剛手五仏塔曼荼羅

5-stūpa Vajrapāṇi-maṇḍala

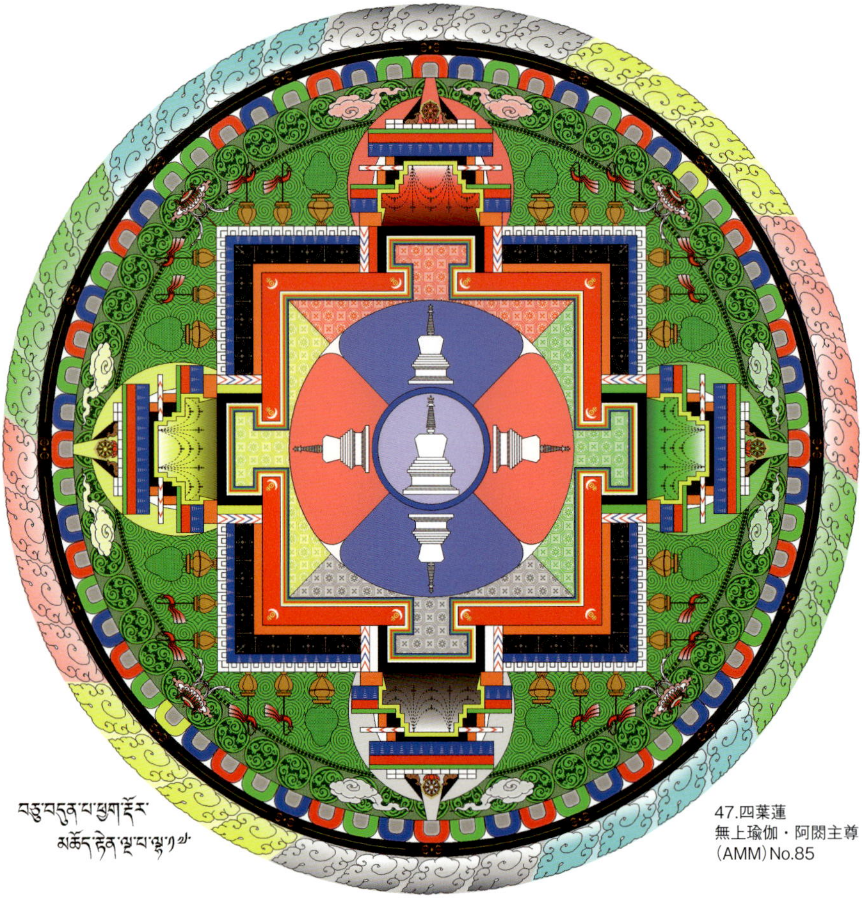

བཅུ་བདུན་པ་ཕྱག་རྡོར་
མཆོད་རྟེན་ལྔ་པ་ལྷ།

47.四葉蓮
無上瑜伽・阿閦主尊
(AMM)No.85

『アビサマヤ・ムクターマーラー』によれば、この曼荼羅は四葉蓮華の形状で、華芯と四方の蓮弁に五基の仏塔を生起し、中央に身色青色の金剛手が右手に金剛杵《こんごうしょ》、左手に鈴を持ち、屈右展左の姿勢で立つと観想する。さらに金剛手の右の腋下からは帝釈天《たいしゃくてん》、左の腋下からは日天が出現し、それぞれ金剛手の両手の持物《じもつ》を捧持(rteg paをbteg paに訂正)する。いっぽう四方の仏塔には、毘盧遮那《びるしゃな》(東)・宝生《ほうしょう》(南)・阿弥陀《あみだ》(西)・不空成就《ふくうじょうじゅ》(北)の四仏を配する。なお『アビサマヤ・ムクターマーラー』と『ロンタ度量法』は、本曼荼羅の名称を「青仏塔」mchod rten sṅon poとするが、ハンビッツ本の銘文は「五仏塔」mchod rten lṅa paと記しており、曼荼羅の形状からは、この方が適当と思われる。なおネパールには、5基の仏塔で五仏を象徴した遺構が今日も遺されている。いっぽう内庭は、本曼荼羅の四仏の配置と一致する阿閦《あしゅく》を主尊とする無上瑜伽《ゆが》タントラの塗り分けを採用している。なお本曼荼羅は、他の曼荼羅集には収録されず、彩色タンカとして描いた作品も知られていない。

18. 鉄管金剛手十三尊曼荼羅　13-deity Vajrapāṇi-maṇḍala

བཅོ་བརྒྱད་པ་
ཕྱག་རྡོར་ལྕགས་སྦུགས་
མ་ལྷ་༡༣་

48.四輻輪
無上瑜伽・阿閦主尊
(AMM) No.3

『アビサマヤ・ムクターマーラー』によれば、この曼荼羅は1面4臂《ひ》で、右の第1手で金剛杵《こんごうしょ》を振り上げ、左の第1手は鈴を持ち、残余の2手で蛇を食する金剛手を主尊とする。この金剛手は、頭は他化自在天に届き、足を伸ばすと大海の底まで届き、須弥山《しゅみせん》を台座にするという巨大なサイズに観想される。本曼荼羅は四輻輪の形状で、その中心に主尊（本作品では金剛杵で示される）を描き、四方の輻上には如来部（東）・宝部（南）・蓮華部（西）・羯磨《かつま》部（北）、四部の金剛手を配する。さらに曼荼羅の四隅には、蛇を食べる姿の四部の迦楼羅《かるら》（ガルダ）、四門には鉤索鏁鈴《こうさくされい》の四摂菩薩を配する。いっぽう内庭は、金剛手を主尊とする他の曼荼羅と同じく、阿閦《あしゅく》を主尊とする無上瑜伽《ゆが》タントラの塗り分けを採用している。なお本曼荼羅は、他の曼荼羅集には収録されず、彩色タンカとして描いた作品も知られていない。また図像集に、主尊の図像が収録されることは稀で、鉄管あるいは鉄鑰《やく》lcags sbugs maという奇妙な名前の由来についても、明らかでない。

19. 迦楼羅《かるら》金剛手五尊曼荼羅　5-deity Garuḍa-Vajrapāṇi-maṇḍala

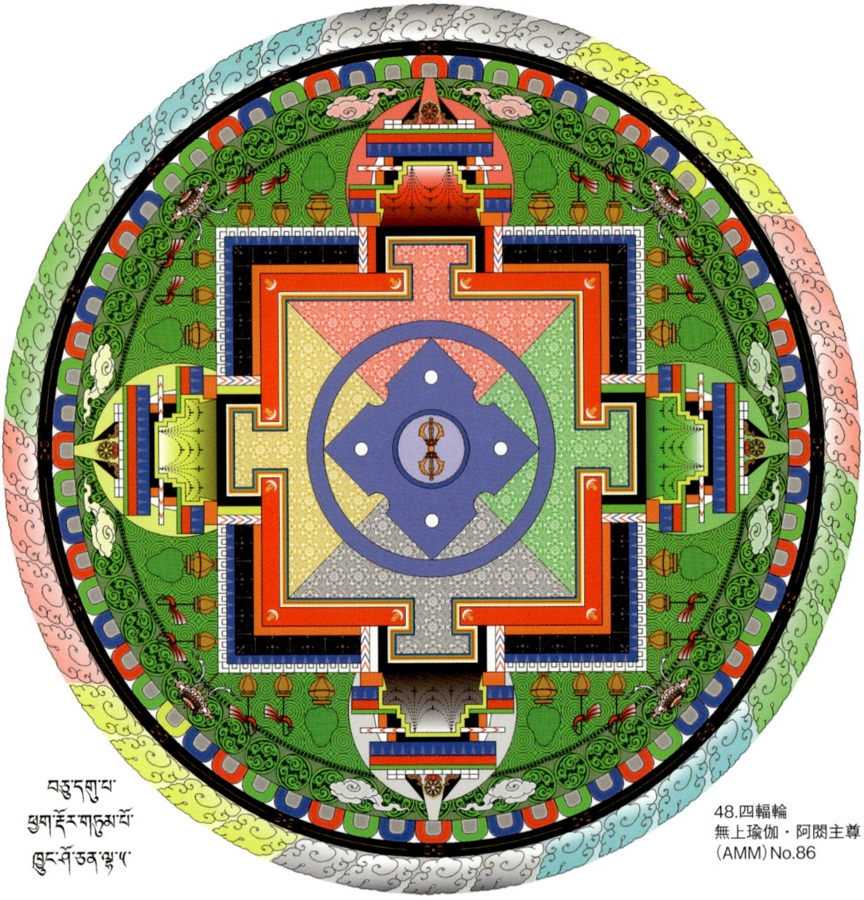

བཅུ་དགུ་པ་
ཕྱག་རྡོར་གཏུམ་པོ་
ཁྱུང་ཤོ་ཅན་ལྔ་ཡ་

48.四輻輪
無上瑜伽・阿閦主尊
(AMM)No.86

本曼荼羅の主尊については、『アビサマヤ・ムクターマーラー』と『ロンタ度量法』が「迦楼羅の下(半身)をもつ金剛忿怒《ふんぬ》」rdo rje gtum po khyuṅ gśam can とするのに対し、ハンビッツ本の銘文は「迦楼羅の列をもつ忿怒金剛手」phyag rdor gtum po khyuṅ śo canと記して、一致しない。「迦楼羅の翼をもつ忿怒金剛手」phyag rdor gtum po khyuṅ gśog canが、正しい尊名である可能性がある。本曼荼羅は四輻輪の形状で、その中心に1面2臂《ひ》で、右手で金剛杵《こんごうしょ》を振り上げ、左手で祈克印を結ぶ主尊迦楼羅金剛手(本作品では金剛杵で示される)を描く。なお振り上げた祈克印の上から迦楼羅が化現《けげん》するのが、この主尊の大きな図像学的特徴となっている。いっぽう四方の輻上には最勝(東)・大威徳(南)・馬頭(西)・甘露軍荼利《ぐんだり》(北)の四忿怒を配する。その内庭は、金剛手を主尊とする他の曼荼羅と同じく、阿閦《あしゅく》を主尊とする無上瑜伽《ゆが》タントラの塗り分けを採用している。なお本曼荼羅は、他の曼荼羅集には収録されず、彩色タンカとして描いた作品も知られていない。

20. 金剛迦楼羅《かるら》九尊曼荼羅　9-deity Vajragaruḍa-maṇḍala

ཉི་ཤུ་པ་
ཁྱུང་ནག་འབར་བ་
ལྷ་༩་

49a.八輻輪
無上瑜伽・阿閦主尊
(AMM) No.87

金剛迦楼羅は、龍を食べるとされる迦楼羅(ガルダ)を、悪龍を調伏する尊格としたものである。『アビサマヤ・ムクターマーラー』によれば、その身体は、牝ヤクの角、カエルの目、羊の唇('tshul paをmtshul paに訂正)、人間の手、鳥の翼、足には猛獣の爪と、6種の生物の特徴を兼ね備えるとされる。本曼荼羅は八輻輪の形状で、中心に蛇を食べる主尊金剛迦楼羅(本作品では金剛杵《こんごうしょ》で示される)を描き、八方の輻上に金剛迦楼羅(東)・杖(東南)・宝珠(南)・鎚(西南)・蓮華(西)・剣(西北)・羯磨《かつま》金剛(北)・カルトリと黒く畏怖すべき迦楼羅(東北、方位についてはテキストに記述がなく、推定による)を配する。いっぽう内庭は、金剛部の忿怒《ふんぬ》尊を主尊とする他の曼荼羅と同じく、阿閦《あしゅく》を主尊とする無上瑜伽《ゆが》タントラの塗り分けを採用している。なお本曼荼羅は、他の曼荼羅集には収録されないが、主尊の金剛迦楼羅は『三百図像集』『三百八十図像集』などに収録されており、独尊として一定の信仰を集めたことを示している。

21. 阿閦《あしゅく》十三尊曼荼羅　13-deity Akṣobhya-maṇḍala

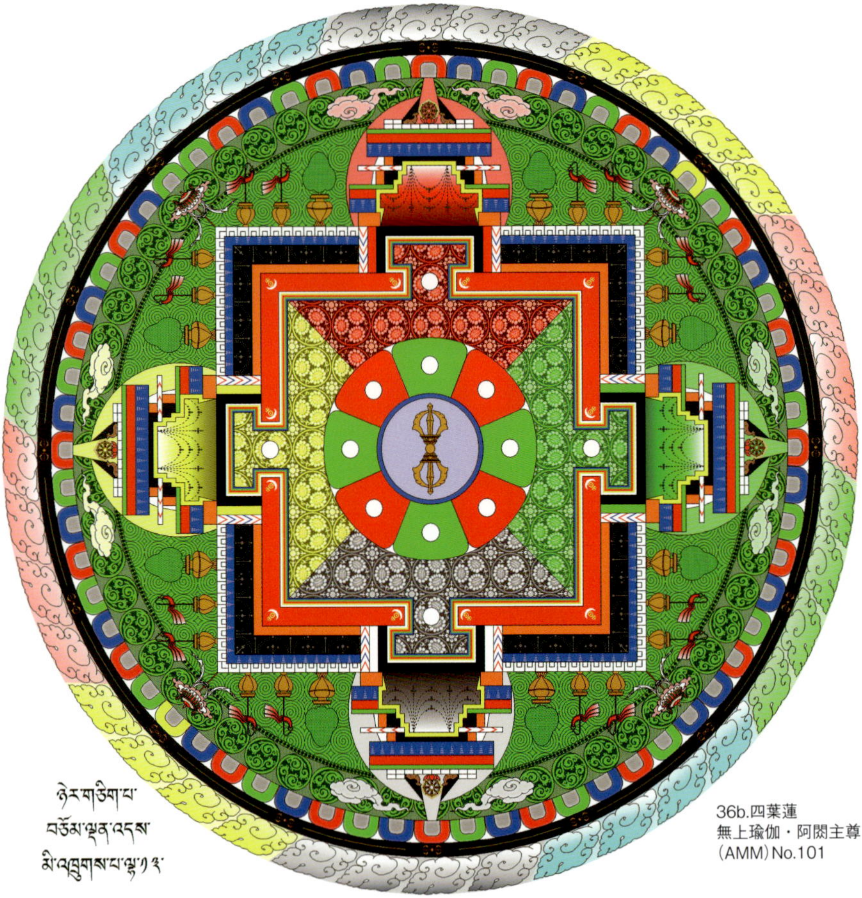

36b.四葉蓮
無上瑜伽・阿閦主尊
(AMM)No.101

阿閦如来は東方阿比羅提世界の仏で、西方極楽浄土の阿弥陀如来と並んで代表的な他土仏として信仰された。この曼荼羅は、阿閦如来(本作品では金剛杵《こんごうしょ》で示される)の周囲に吉祥相・法輪・蓮華・幢幡《どうばん》・傘蓋・宝瓶《ほうびょう》・白螺・双魚の八吉祥(タシタクギェー)を配するもので、八吉祥をそのまま描くものと、八吉祥を持つ８人の女神を配するものの２種がある。「ゴル曼荼羅集」には２種の阿閦九尊曼荼羅が含まれ、このうちアティーシャ流(No.14)は主尊が菩薩形の報身《ほうじん》阿閦、シャヴァリー流(No.15)は主尊が如来形の応身《おうじん》阿閦となるが、本作品は、四門の門衛として鉤索《こうさく》鏁《さ》鈴《れい》の４女尊を加えた13尊形式となっている。なお本曼荼羅の形状について、『ロンタ度量法』は大悲観音十三尊曼荼羅(M-8)と同じ四葉蓮華を規定するが、『アビサマヤ・ムクターマーラー』は八葉蓮華を説き、ハンビッツ本をはじめとする多くの作例も八葉蓮華のデザインを採用している。この曼荼羅は、罪障消滅に効験ありとされたため、チベット・ネパールでは死者の追善のために制作され、多数の作例を遺している。

22. スガティガルバ流金剛手十七尊曼荼羅

17-deity Vajrapāṇi-maṇḍala
(as transmitted by Sugatigarbha)

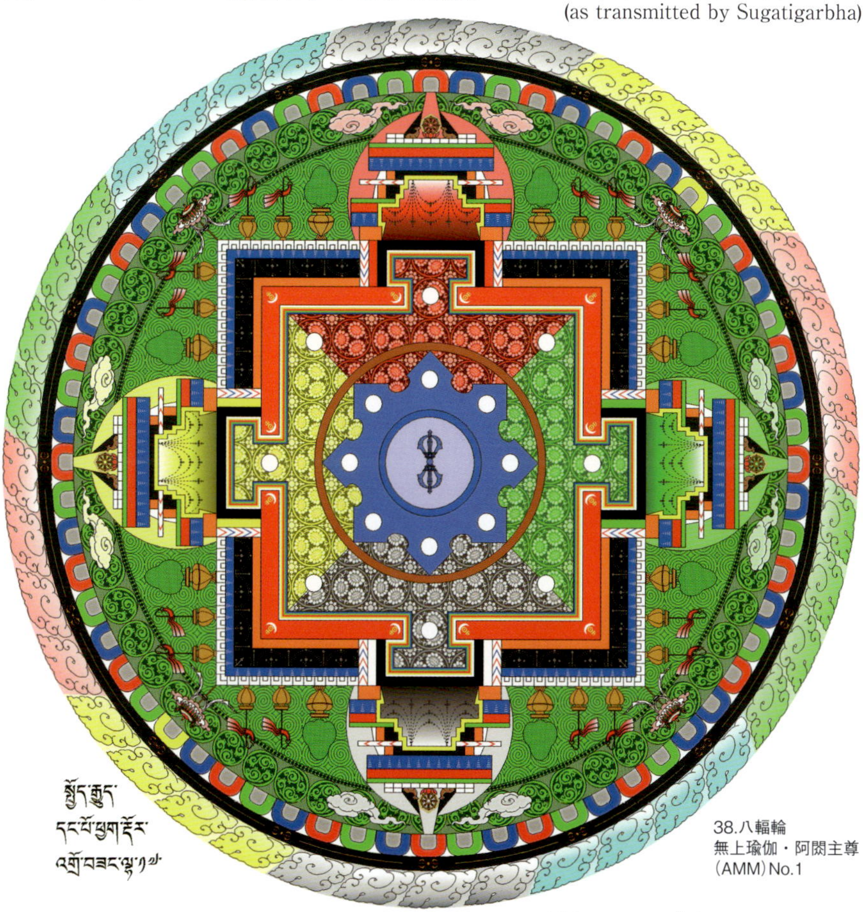

སྤྱོད་རྒྱུད་
དང་པོ་ཕྱག་རྡོར་
འགྲོ་བཟང་ལྷ་༡༧

38.八輻輪
無上瑜伽・阿閦主尊
(AMM)No.1

インドの密教行者スガティガルバ(生没年不詳)は、青衣《しょうえ》金剛手の儀軌《ぎき》を数多く著し、これに基づく金剛手をチベットでは「スガティ流」'gro bzaṅ lugsと呼ぶ。なお『アビサマヤ・ムクターマーラー』は、この曼荼羅を最初に説いており、ミトラヨーギンが、この教法を重視していたことを示している。本曼荼羅は八輻輪の形状で、中心に金剛手(作品では金剛杵《こんごうしょ》で示される)を描き、八方の輻上には金剛大力《だいりき》(東)以下の８尊、曼荼羅の四隅には香華灯塗の外四供養、四門には鉤索鏁《こうさくさ》鈴《れい》の四摂菩薩を配する。なお『アビサマヤ・ムクターマーラー』は、この他に20尊の大夜叉《やしゃ》と32尊の忿怒《ふんぬ》護法を説くが、ハンビッツ本はこれらを描かず、尊数にも含めていない。いっぽう「ゴル曼荼羅集」は、スガティガルバ流の独尊曼荼羅(No.19)を収録するが、ハンビッツ本とは異なり、これを所作《しょさ》タントラに分類している。いっぽう内庭は、行《ぎょう》タントラでありながら阿閦《あしゅく》を主尊とする無上瑜伽《ゆが》タントラの塗り分けとなっている。これは本曼荼羅が、阿閦を部主とする金剛手を主尊とするためである。

23. 一切《いっさい》智《ち》毘《び》盧《る》遮《しゃ》那《な》百五尊曼荼羅　105-deity Sarvavid-Vairocana-maṇḍala

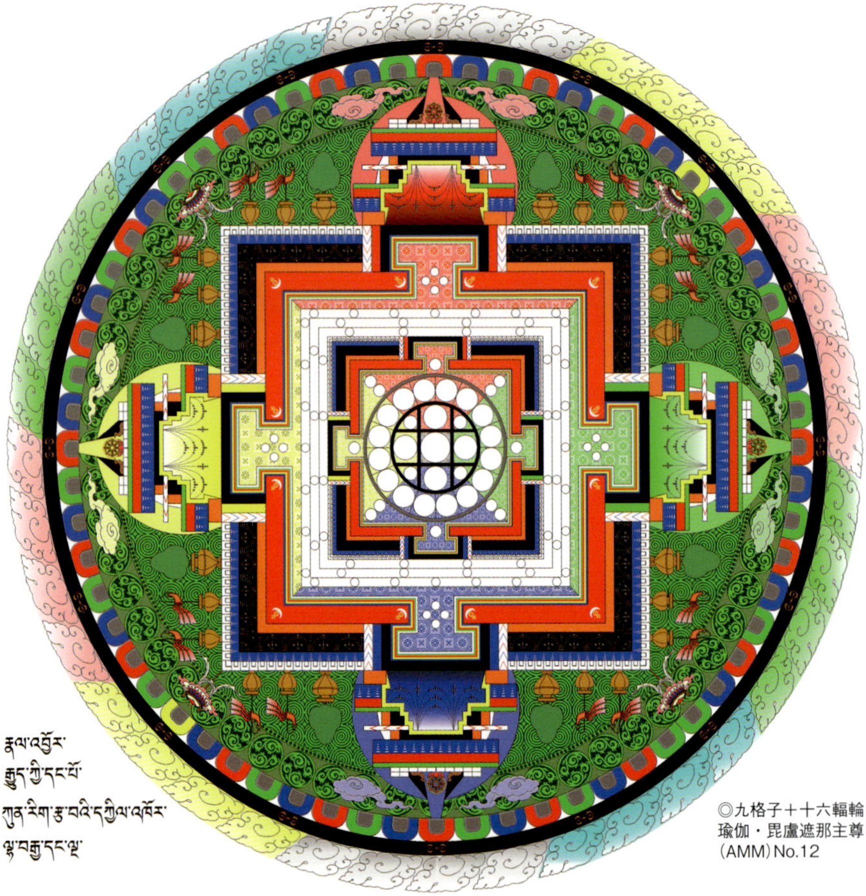

རྣལ་འབྱོར་
རྒྱུད་ཀྱི་དང་པོ་
ཀུན་རིག་རྩ་བའི་དཀྱིལ་འཁོར་
ལྷ་བརྒྱ་དང་ལྔ་

◎九格子＋十六輻輪
瑜伽・毘盧遮那主尊
(AMM) No.12

『悪趣清浄タントラ』は、『金剛頂経』系の瑜伽《ゆが》タントラに分類され、チベットでは葬送儀礼に用いられたため普及している。『悪趣清浄タントラ』には新訳と旧訳の２本があるが、一切智毘盧遮那曼荼羅は、旧訳本の冒頭に説かれる根本の曼荼羅である。この曼荼羅の内院は九格子と十六輻輪の組み合わせからなり、九格子の中心に主尊一切智毘盧遮那を描き、四方に一切悪趣清浄王(東)・宝幢《ほうどう》(南)・釈迦族主(西)・開敷華王《かいふけおう》(北)の四仏、四維に仏眼《ぶつげん》・マーマキー・白衣《びゃくえ》・ターラーの四仏母を配する。外側の十六輻輪には金剛界の十六大菩薩が描かれ、さらにその外の四維に八供養菩薩、四門には四摂菩薩を配する。いっぽう外院には賢劫《けんごう》十六尊、16尊の無比薩埵《さった》、16比丘、12辟支仏《びゃくしぶつ》、門衛の八大明王(妃を伴う)が描かれるので、全体の尊数は105尊に達する。さらに外周部には護法天が配されるが、本作品では省略されている。なお本曼荼羅の尊数に関しては、種々の異説がある。チベットでは本曼荼羅が、死者の追善のため制作されたので、もっとも作例数の多い曼荼羅の一つとなっている。

24. 無量寿十三尊曼荼羅 13-deity Aparimitāyus-maṇḍala

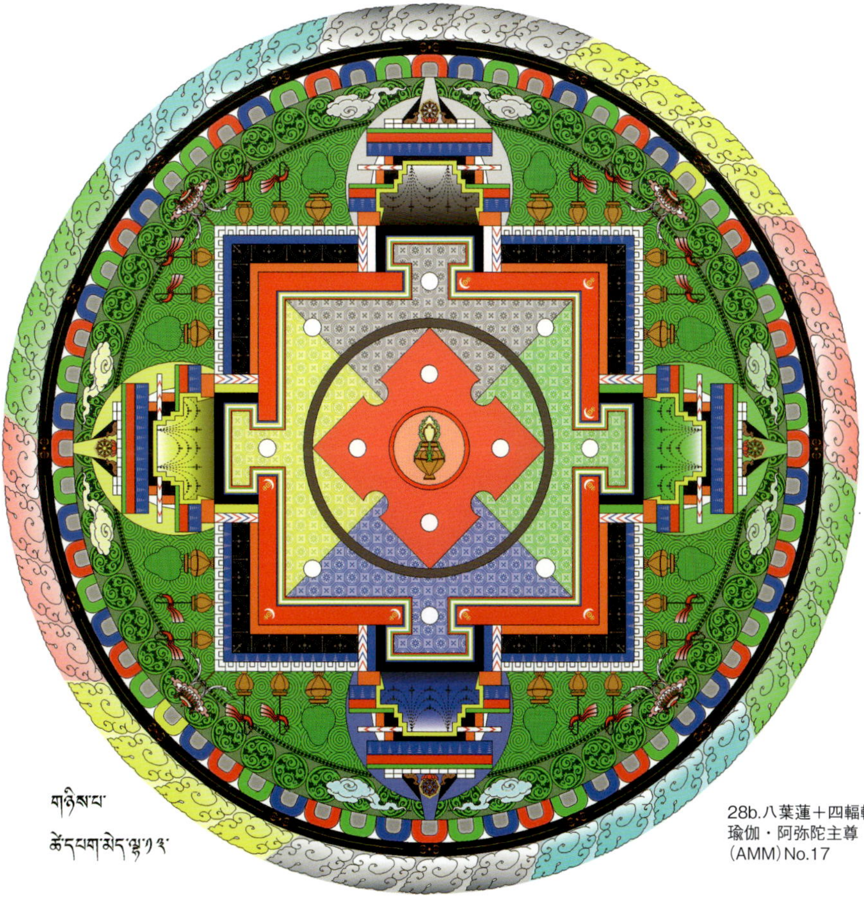

གཉིས་པ་
ཚེ་དཔག་མེད་ལྷ་༡༣

28b.八葉蓮＋四輻輪
瑜伽・阿弥陀主尊
(AMM)No.17

この曼荼羅は、『悪趣清浄タントラ』に説かれる11あるいは12種の曼荼羅の４番目といわれ、身口意《しんくい》の三密のうち口密《くみつ》に配されるので無量寿口密曼荼羅とも呼ばれる。しかし『悪趣清浄タントラ』の本文には明確に説かれず、註釈類を参照しなければ、曼荼羅を構成することができない。その中央には無量寿仏(甘露瓶《びょう》で示される)、その四方に四仏あるいは四大菩薩、四維に香華灯塗の外四供養、四門には四摂菩薩(女尊)が配され、合計13尊から構成されている。なお本曼荼羅は、阿弥陀《あみだ》如来の化身《けしん》である無量寿仏を主尊とするため、内庭の塗り分けは、瑜伽《ゆが》タントラの主尊毘盧遮那《びるしゃな》を阿弥陀と入れ換えたものになっている。なお『ロンタ度量法』は、曼荼羅の形状を八葉蓮華と四輻輪の組み合わせと規定するが、ハンビッツ本をはじめとする多くの作例では、四輻輪のみとなっている。『悪趣清浄タントラ』の曼荼羅の中でも、一切智《いっさいち》毘盧遮那百五尊曼荼羅(M-23)・九仏頂三十七尊曼荼羅(V-38)についで多くの作例を遺した曼荼羅で、ハンビッツ文化財団だけでも、この他に２幅の彩色タンカが所蔵されている。

25. 金剛手十三尊曼荼羅

13-deity Vajrapāṇi-maṇḍala

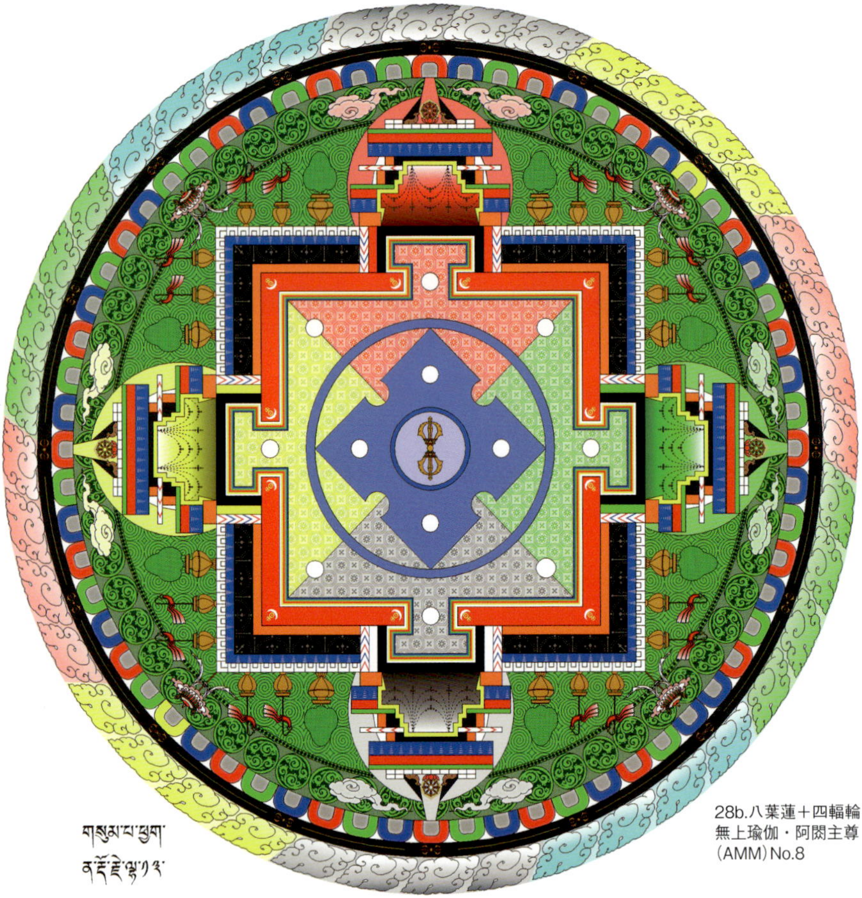

གསུམ་པ་ཕྱག
ན་རྡོ་རྗེ་ལྷ་ཀ་ར

28b.八葉蓮＋四輻輪
無上瑜伽・阿閦主尊
(AMM)No.8

この曼荼羅は、『悪趣清浄タントラ』に説かれる11あるいは12種の曼荼羅の３番目で、身口意《しんくい》の三密のうち意密に配されるので金剛手意密曼荼羅と呼ばれる。その中央には金剛手(本作品では金剛杵《こんごうしょ》で示される)を描き、その四方に毘盧遮《びるしゃ》那《な》(東)・宝生《ほうしょう》(南)・阿弥陀《あみだ》(西)・不空成就《ふくうじょうじゅ》(北)の四仏、四維に香華灯塗の外四供養、四門には鉤索鏁鈴《こうさくされい》の四摂菩薩を配して、合計13尊から構成されている。なお本曼荼羅は、阿閦《あしゅく》如来を部主とする金剛手を主尊とするため、瑜伽《ゆが》タントラでありながら阿閦を主尊とする無上瑜伽タントラと同じ内庭の塗り分けを採用している。また『ロンタ度量法』は、無量寿十三尊曼荼羅(M-24)と同じく、曼荼羅の形状を八葉蓮華と四輻輪の組み合わせと規定するが、ハンビッツ本では四輻輪のみとなっている。『悪趣清浄タントラ』の曼荼羅の中では作例に乏しく、曼荼羅集以外の彩色タンカは稀である。

26. 金剛手転輪王百三十八尊曼荼羅　138-deity Vajrapāṇicakravartin-maṇḍala

བཞི་པ་ཕྱག་
ན་རྡོ་རྗེ་ལྷ་༡༣༨

30.四輻輪
無上瑜伽・阿閦主尊
(AMM)No.18

この曼荼羅は、『悪趣清浄タントラ』に説かれる11あるいは12種の曼荼羅の中でも規模が大きく、11番目に説かれている。また身口意《しんくい》徳業の５範疇のうち徳に配されるので、大楽金剛薩埵《さった》徳曼荼羅とも呼ばれる。四輻輪の中心には金剛薩埵が描かれ、その四方には四仏あるいは四大菩薩、内院の四隅に四仏母、外側の８重の枡形の中に過去七仏・十六大菩薩・賢劫《けんごう》十六尊・16比丘・12辟支仏《びゃくしぶつ》・八大天・八曜・二十八宿・四天王・十方天、四門には四摂菩薩が配され、合計138尊から構成されている。なお本曼荼羅は、阿閦《あしゅく》如来を部主とする金剛手を主尊とするため、瑜伽《ゆが》タントラでありながら阿閦を主尊とする無上瑜伽タントラと同じ内庭の塗り分けを採用している。『悪趣清浄タントラ』の曼荼羅の中でも、比較的多くの作例を遺しており、韓国ハンビッツ文化財団と英国のヴィクトリア・アンド・アルバート博物館に彩色タンカが各１点所蔵されている。しかしこれらの作品には、内院の四隅に四仏母がなく、外側の八重の枡形が八重の同心円で表現されるなど、若干の相違が認められる。

27. 火焔日輪十七尊曼荼羅

17-deity Vajrajvālānalārka-maṇḍala

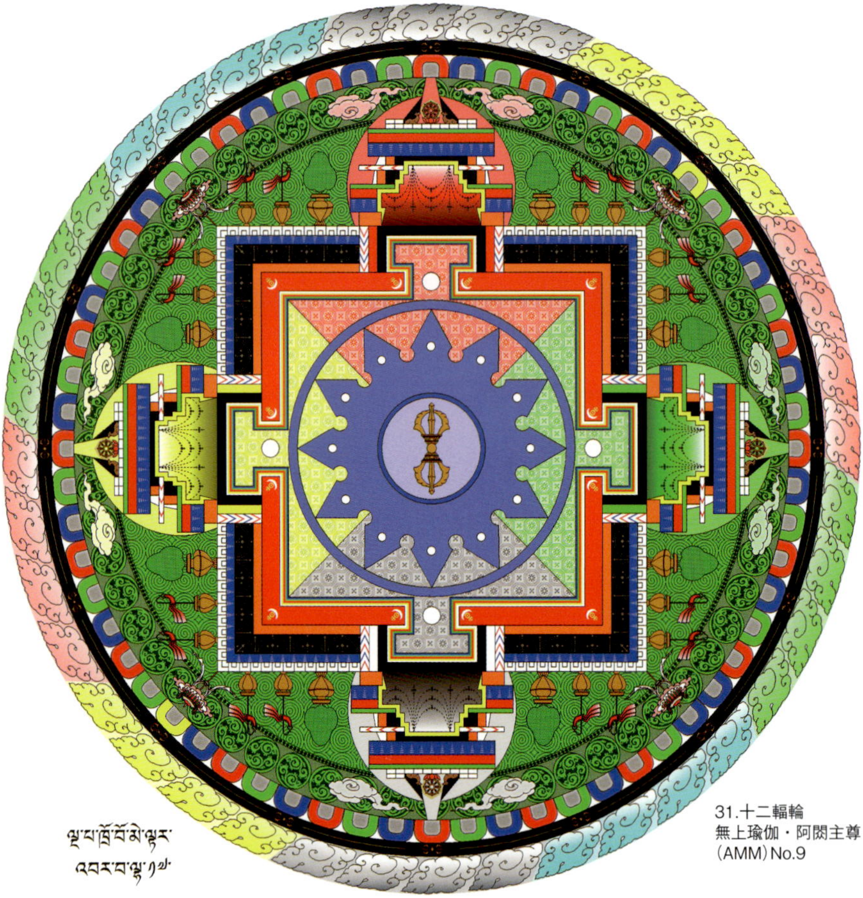

ཉི་མ་ཁྲོ་བོ་མེ་ལྟར་
འབར་བ་ལྷ་༡༧

31.十二輻輪
無上瑜伽・阿閦主尊
(AMM)No.9

この曼荼羅は、『悪趣清浄タントラ』に説かれる11あるいは12種の曼荼羅の最後のもので、身口意《しんくい》業徳の５範疇のうち業に配されるので火焔日輪業曼荼羅とも呼ばれる。曼荼羅の形状は十二輻輪で、その中心には金剛火焔日輪と呼ばれる忿《ふん》怒《ぬ》尊(本作品では金剛杵《こんごうしょ》で示される)を描き、12の輻上には降三世《ごうざんぜ》・照三世・タッキラージャ・ニーラダンダ(中央の４輻)、甘露軍荼利《ぐんだり》・馬頭・大力《だいりき》・不動(右の４輻)、時羅刹女・業羅刹女・義羅刹女・方便羅刹女(左の４輻)を配し、曼荼羅の四門には、時鉤《こう》女・時索《さく》女・時鏁《さ》女・時遍入女の４門衛(女尊)を配する。なお『アビサマヤ・ムクターマーラー』と、『悪趣清浄タントラ』のヴァジュラヴァルマン註、ブッダグヒヤ註には、左の４輻の４女尊と門衛の尊名と配置に、かなりの異同が認められる。本曼荼羅は、金剛部に属する金剛火焔日輪を主尊とするため、瑜伽《ゆが》タントラでありながら阿閦《あしゅく》を主尊とする無上瑜伽タントラと同じ内庭の塗り分けを採用している。『悪趣清浄タントラ』の曼荼羅の中では作例に乏しいが、国内に１点の彩色タンカが所蔵されている。

28. 金剛手護方天二十三尊曼荼羅

23-deity maṇḍala of Vajrapāṇi surrounded by 10 dikpālas and the 4 great kings

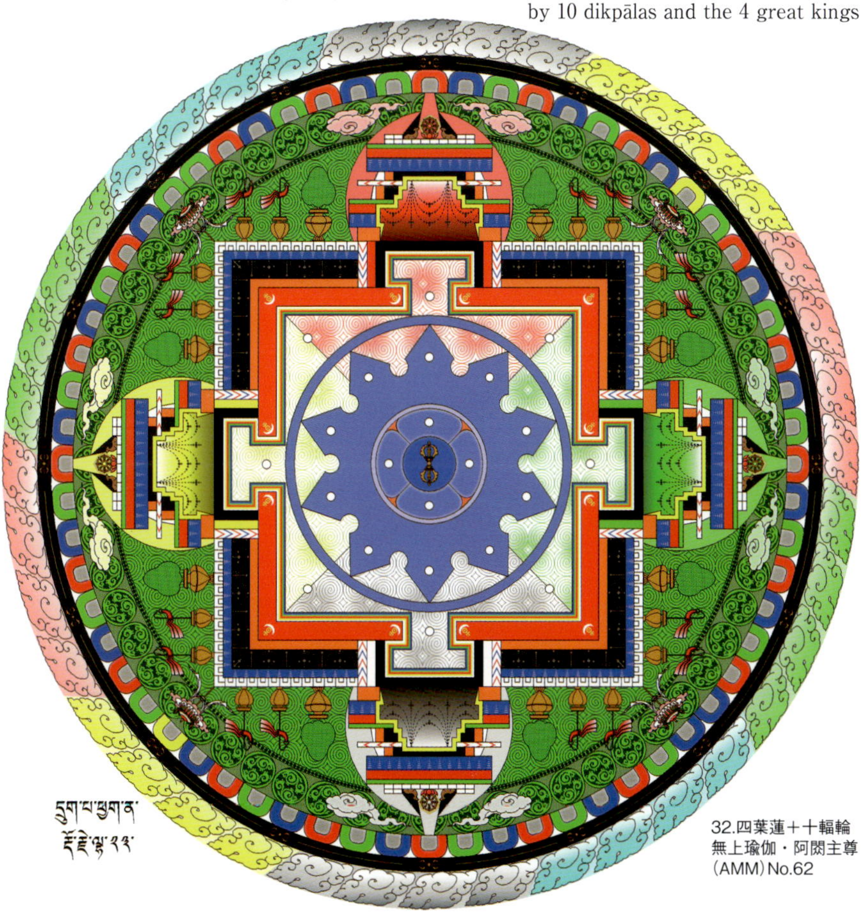

དུག་པ་ཕྱག་ན་
རྡོ་རྗེ་ལྷ་༢༣་

32.四葉蓮＋十輻輪
無上瑜伽・阿閦主尊
(AMM)No.62

この曼荼羅は、『悪趣清浄タントラ』に説かれる11あるいは12種の曼荼羅の４番目である四天王の曼荼羅と、５番目の十方天の曼荼羅を合成したものと考えられる。曼荼羅は内側が四葉蓮華、外側が十輻輪の形状で、四葉蓮華の華芯には金剛手(金剛杵《こんごうしょ》で示される)、四葉の蓮弁上には持国(東)・増長(南)・広目(西)・多聞(北)の四天王、外側の十輻輪の輻上には帝釈天《たいしゃくてん》(東)・火天(東南)・焔魔天(南)・羅刹天(西南)・水天(西)・風天(西北)・毘沙門天《びしゃもんてん》(北)・伊舎那天(東北)・梵天(上)・地天女(下)の十方天を配する。さらに曼荼羅の四隅に四供養、四門に四摂を加えるので、全体の尊数は23尊になる。本曼荼羅も、金剛手を主尊とするため、瑜伽《ゆが》タントラでありながら阿閦《あしゅく》を主尊とする無上瑜伽タントラと同じ内庭の塗り分けを採用している。なお「ゴル曼荼羅集」では、『悪趣清浄タントラ』の四天王(No.33)と十方天の曼荼羅(No.34)は別の曼荼羅として収録されており、これら両者は、チベットでしばしば目にすることができるが、両者を合成した本曼荼羅のような作例は、かなり稀である。

29. 金剛手四十五尊曼荼羅　45-deity Vajrapāṇi-maṇḍala

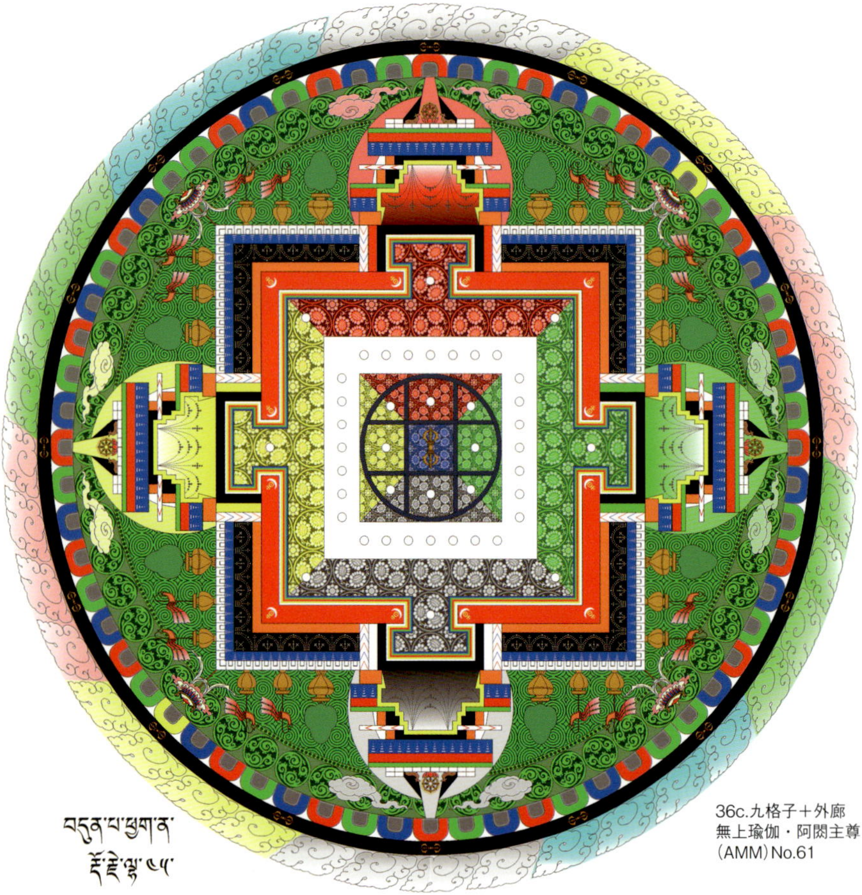

བདུན་པ་ཕྱག་ན་
རྡོ་རྗེ་ལྷ་༤༥་

36c.九格子＋外廊
無上瑜伽・阿閦主尊
(AMM)No.61

本曼荼羅は、『悪趣清浄タントラ』に説かれる11あるいは12種の曼荼羅の６番目で、チベット版の星曼荼羅といえる。曼荼羅は九格子に枡形の外廊を巡らした形状で、九格子の中心には金剛手(金剛杵《こんごうしょ》で示される)、周囲の格子には月曜(東)・日曜(東南)・土曜(南)・羅睺《らご》(西南)・火曜(西)・金曜(西北)・木曜(北)・水曜(東北、lag paをlhag paに訂正)の八曜の仙人を配する。本曼荼羅が八仙(タンソン・ギェー)とも呼ばれるのは、そのためである。また外廊には、東方に昴《ぼう》・畢《ひつ》・觜《し》・参・井《せい》・鬼・柳、南方に星・張・翼・軫《しん》・角・亢《こう》・氐《てい》、西方に房・心・尾・箕《き》・斗・牛・女、北方に虚・危・室・壁・奎《けい》・婁《ろ》・胃の二十八宿を配する。さらに四隅には香華灯塗の外四供養、四門には四摂を配して、合計45尊から構成される。本曼荼羅も、金剛手を主尊とするため、瑜伽《ゆが》タントラでありながら無上瑜伽タントラと同じ内庭の塗り分けを採用している。なお「ゴル曼荼羅集」所収の『悪趣清浄タントラ』星宿曼荼羅(No.35)は、３面４臂《ひ》の降三世《ごうざんぜ》明王を主尊とし、外四供養を欠く41尊形式となっている。

30. 金剛手八大龍王十三尊曼荼羅

13-deity maṇḍala of Vajrapāṇi surrounded by the 8 great nāgas

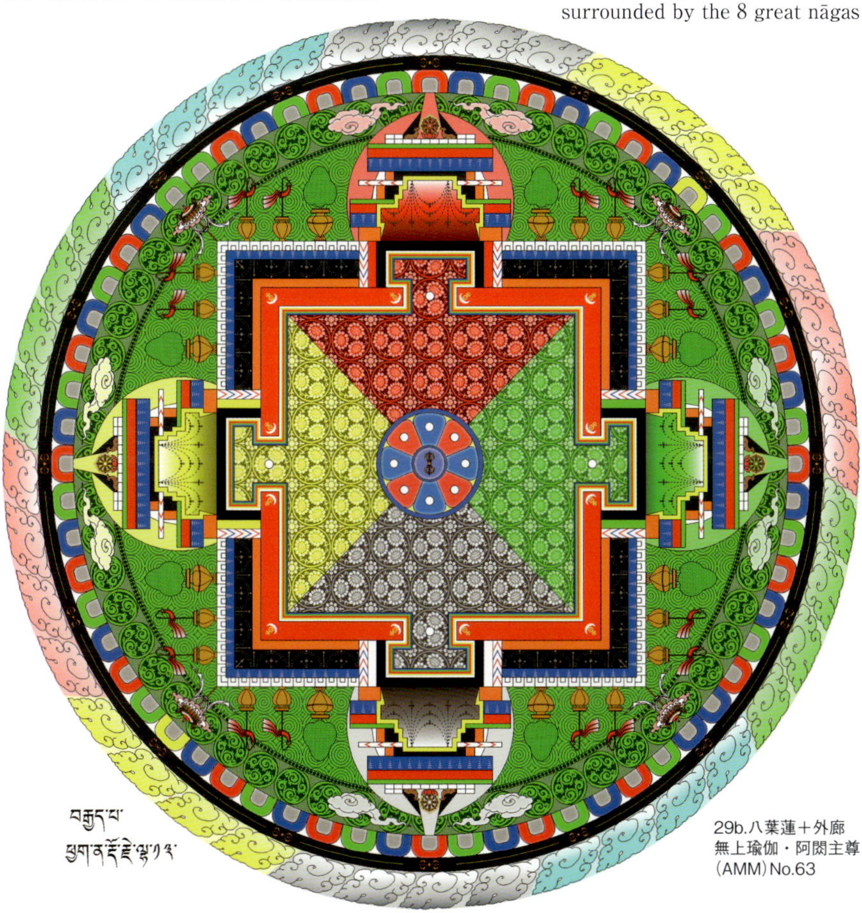

བརྒྱད་པ་
ཕྱག་ན་རྡོ་རྗེ་ལྷ་༡༣་

29b.八葉蓮＋外廊
無上瑜伽・阿閦主尊
(AMM) No.63

この曼荼羅は、『悪趣清浄タントラ』に説かれる11あるいは12種の曼荼羅の7番目である。曼荼羅は八葉蓮華の形状で、その華芯には金剛手(金剛杵《こんごうしょ》で示される)、八葉の蓮弁上にはアナンタ(東)・タクシャカ(南)・カルコータ(西)・クリカ(北)・ヴァースキ(東南)・シャンカパーラ(西南)・パドマ(西北)・ヴァルナ(東北)の八大龍王を配する。なお八葉蓮華が他の曼荼羅に比して小さいのは、『ロンタ度量法』に、外廊の中に八葉蓮華を造ると規定されるからである。『アビサマヤ・ムクターマーラー』は、四門の門衛として四部を生起すると説くが、具体的な尊名を挙げておらず、ウン・ギェルセーは、これをクシャトリア等の4カーストと解している。いっぽう「ゴル曼荼羅集」所収の金剛手八大龍王曼荼羅(No.36)は、四門の門衛を欠いているが、『タントラ部集成』(ギューデクントゥ)は、四部の門衛を鉤索鏁鈴《こうさくされい》の四摂菩薩としている。本曼荼羅も、金剛手を主尊とするため、瑜伽《ゆが》タントラでありながら阿閦《あしゅく》を主尊とする無上瑜伽タントラと同じ内庭の塗り分けを採用している。

31. 降三世《ごうざんぜ》五十七尊曼荼羅　57-deity Trailokyavijaya-maṇḍala

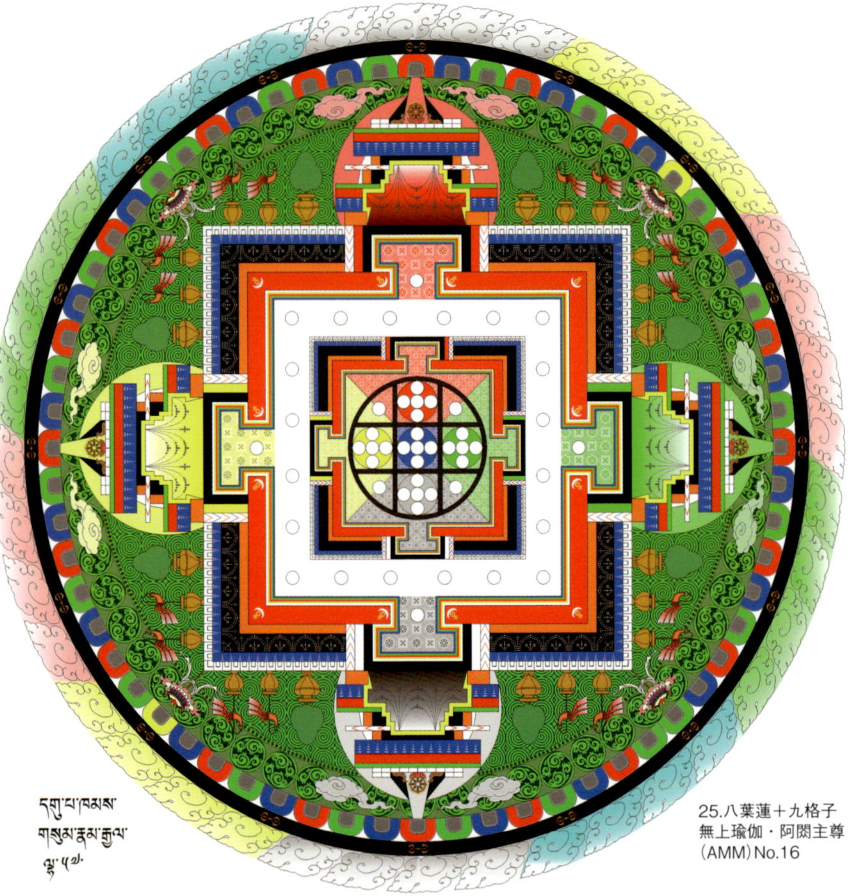

དཀུ་པ་ཁམས་
གསུམ་རྣམ་རྒྱལ་
ལྷ་༥༧་

25.八葉蓮＋九格子
無上瑜伽・阿閦主尊
(AMM)No.16

本曼荼羅は、日本の金剛界九会《くえ》曼荼羅の降三世会に相当し、『初会金剛頂経』「降三世品《ぼん》」の根本曼荼羅である。全体は、五仏・十六大菩薩・四波羅蜜・八供養・四摂の金剛界三十七尊に、賢劫《けんごう》十六尊を加えた53尊からなるが、ハンビッツ本では、楼閣を二重にして内外の門衛である四摂を重複させ、尊数を57尊としている。(内院の四摂は描かれていない)『ロンタ度量法』は、金剛界五十三尊曼荼羅(V-37)と同じく、九格子の中に四葉蓮華を配すると説くが、ハンビッツ本は日本の金剛界九会曼荼羅と同じく、九格子の中に月輪を配した形状で描いている。またハンビッツ本では、外四供養・四摂・賢劫十六尊を外院に描き、外金剛部二十天を省略している。本曼荼羅は、金剛部を主としているが、主尊は毘盧遮《びるしゃ》那《な》(大日)なので、通常は瑜伽《ゆが》タントラの塗り分けを用いる。ところがハンビッツ本では、阿閦《あしゅく》を主尊とする無上瑜伽タントラと同じ内庭の塗り分けを採用している。これはミトラヨーギンが『アビサマヤ・ムクターマーラー』で、主尊を毘盧遮那から降三世明王を変更したからである。

32. 一切義成就五十七尊曼荼羅

57-deity Sarvārthasiddhi-maṇḍala

བཙུ་པ་དོན་
ཀུན་གྲུབ་པ་ལྔ་༥༧་

25.八葉蓮＋九格子
瑜伽・毘盧遮那主尊
(AMM)No.14

本曼荼羅は、『初会金剛頂経』「一切義成就品《ぼん》」の根本曼荼羅で、五仏を除く諸尊は、みな虚空蔵《こくぞう》菩薩の化身《けしん》となる。その構成は、降三世《ごうざんぜ》五十七尊曼荼羅(M-31)と同じく、五仏・十六大菩薩・四波羅蜜・八供養・四摂の金剛界三十七尊に、賢劫《けんごう》十六尊を加えた53尊からなる。降三世五十七尊曼荼羅と異なり、楼閣を二重にしていないので、門衛の四摂を重複させる必要はなく、ハンビッツ本の銘文が尊数を57尊とするのは誤りと思われる。なお『ロンタ度量法』は、金剛界五十七尊曼荼羅(V-37)と同じく、九格子の中に9個の四葉蓮華を配すると説くが、ハンビッツ本では、毘盧遮那《びるしゃな》と四波羅蜜を描く中央の格子のみに四葉蓮華を表現している。本曼荼羅は、虚空蔵菩薩によって代表される宝部を主としているが、主尊は毘盧遮那(大日)なので、毘盧遮那を主尊とする瑜伽《ゆが》タントラの塗り分けが用いられている。なお一切義成就曼荼羅は、他の曼荼羅集には収録されず、ギャンツェのペンコルチューデ仏塔覆鉢《ふくはつ》部北室西面の壁画(15世紀)が、現存唯一の作例と思われる。

33. 遍調伏《へんちょうぶく》五十七尊曼荼羅　57-deity Sarvajagadvinaya-maṇḍala

བཅུ་གཅིག་པ་
འགྲོ་བ་འདུལ་བ་
ལྷ་ ༥༧་

25.八葉蓮＋九格子
瑜伽・毘盧遮那主尊
(AMM)No.15

本曼荼羅は、『初会金剛頂経』「遍調伏品」の根本曼荼羅で、五仏を除く諸尊は、十一面・馬頭・不空羂索《けんじゃく》などの変化《へんげ》観音となる。その構成は、降三世《ごうざんぜ》五十七尊曼荼羅(M-31)と同じく、五仏・十六大菩薩・四波羅蜜・八供養・四摂の金剛界三十七尊に、賢劫《けんごう》十六尊を加えた53尊である。一切義成就曼荼羅と同じく、楼閣を二重にしていないので、門衛の四摂を重複させる必要はなく、ハンビッツ本の銘文が尊数を57尊とするのは誤りと思われる。『ロンタ度量法』は、金剛界五十七尊曼荼羅(V-37)と同じく、本曼荼羅の形状を、九格子の中に9個の四葉蓮華を配すると説くが、ハンビッツ本は、方形を井桁で区切った九格子を45度回転させた形状で描いている。なおこのデザインは、遍調伏曼荼羅の現存唯一の作例であるギャンツェのペンコルチューデ仏塔覆鉢《ふくはつ》部西室南面の壁画に一致し、ハンビッツ本の編者が、密教図像に深い知識をもっていたことを暗示している。本曼荼羅は、蓮華部を主としているが、主尊は毘盧遮那《びるしゃな》(大日)なので、毘盧遮那を主尊とする瑜伽《ゆが》タントラの塗り分けが用いられている。

34.『理趣広経《りしゅこうきょう》』六十一尊曼荼羅　61-deity Paramādya-Vajrasattva-maṇḍala

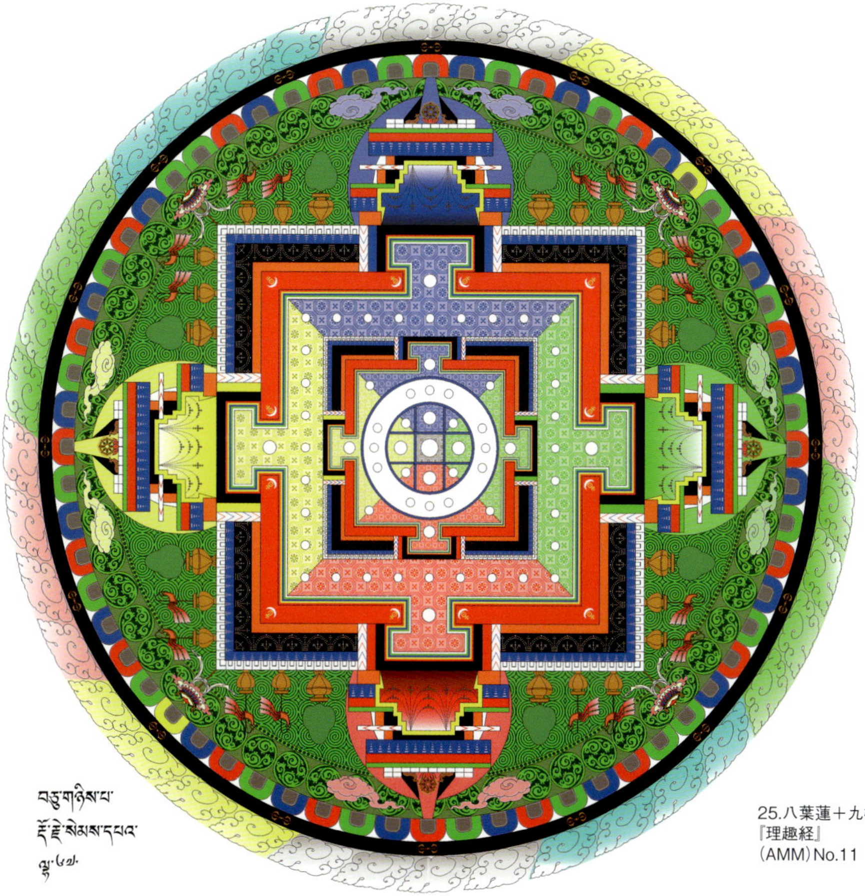

བཅུ་གཉིས་པ་
རྡོ་རྗེ་སེམས་དཔའ་
ལྷ་༦༧.

25.八葉蓮＋九格子
『理趣経』
(AMM)No.11

『理趣広経』は、『理趣経』が発展して一大密教経典となったもので、チベットでは『初会金剛頂経』と同じ瑜伽《ゆが》タントラに分類されている。同経には多数の曼荼羅が説かれるが、金剛薩埵《さった》曼荼羅は、同経の冒頭に説かれている。本曼荼羅の内院は九格子の形状で、その中心に主尊金剛薩埵が描かれる。いっぽう四方の格子には金剛界九会《くえ》曼荼羅の「理趣会」と同じ欲・触《そく》・愛・慢の４尊、四維には「理趣会」の四隅に描かれる四時供養が配される。その外側の四方には、阿閦《あしゅく》(東)・宝生《ほうしょう》(南)・阿弥陀《あみだ》(西)・不空成就《ふくうじょうじゅ》(北)の四仏が描かれ、四仏は脇侍として『理趣経』系の八大菩薩を伴っている。内院と外院の四門には色声香味の四門衛(合計８尊)、外院の四隅には嬉笑歌舞の四天女、四方には７尊づつ合計28尊の護法天が配されるので、曼荼羅の尊数は61尊(銘文では67尊)に達する。また本曼荼羅は、東(赤)・南(黄)・西(青)・北(緑)という、他に類を見ない独自の内庭の塗り分けパターンをもっている。

35. 具密流《ぐみつりゅう》文殊五十三尊曼荼羅

53-deity Mañjughoṣa-maṇḍala
(as transmitted by Vilāsavajra)

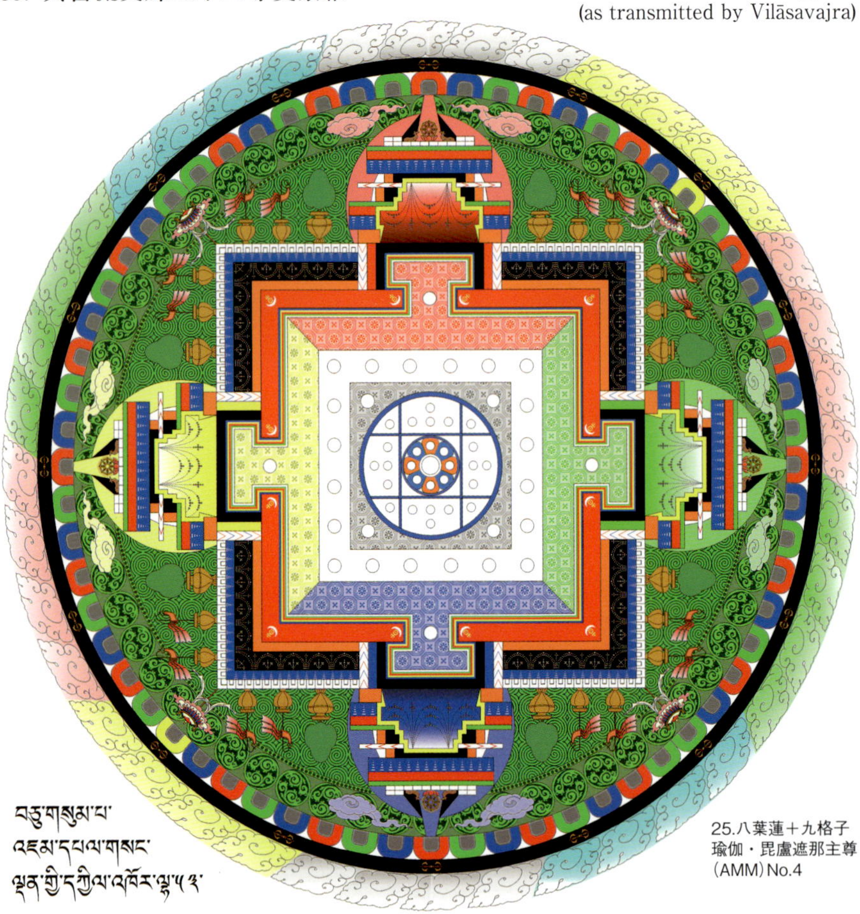

བཅུ་གསུམ་པ་
འཇམ་དཔལ་གསང་
ལྡན་གྱི་དཀྱིལ་འཁོར་ལྷ་༥༣་

25.八葉蓮＋九格子
瑜伽・毘盧遮那主尊
（AMM）No.4

具密流（サンデン）とは、インドの密教者ヴィラーサヴァジュラ（８世紀）が創始した『文殊師利真実名経《しんじつみょうきょう》』（ナーマサンギーティ）の解釈学派で、チベットでは近代まで、この流派に基づく造像が行われたことが知られる。本曼荼羅は、外廊つきの九格子の中心に八葉蓮華を描いた形状となる。八葉蓮華の華芯には、文殊智慧薩埵《さった》を主尊として描き、四方の蓮弁には金剛剣（東）・般若《はんにゃ》智（南）・アラパチャナ（西）・具智慧身（北）の４種文殊、四維の蓮弁には四波羅蜜菩薩を配する。その外側の四方の格子には、金剛界の十六大菩薩が４尊づつ、四維の格子には嬉鬘《きまん》歌舞の内四供養が配される。さらに外廊には賢劫《けんごう》十六尊と外四供養、曼荼羅の四門には四摂菩薩が配され、合計53尊から構成されている。なおハンビッツ本は、銘文で本曼荼羅の尊数を53尊としながら、諸尊の座位を57個描いている。これは４尊の供養菩薩を、誤って重複させたものと推察される。いっぽう内庭は、文殊智慧薩埵が如来部に属するため、毘盧遮那《びるしゃな》を主尊とする瑜伽《ゆが》タントラの塗り分けを採用している。

36. チャンドラゴーミン流文殊十七尊曼荼羅

17-deity Mañjughoṣa-maṇḍala
(as transmitted by Candragomin)

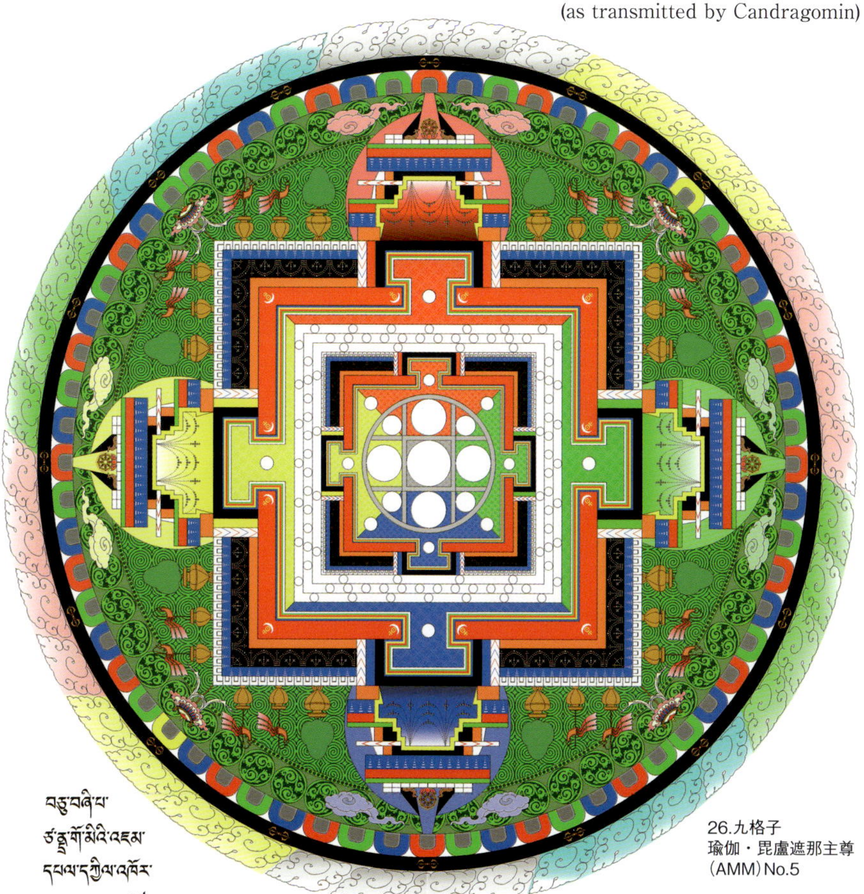

བཅུ་བཞི་པ་
ཙ་ནྡྲ་གོ་མིའི་འཇམ་
དཔལ་དཀྱིལ་འཁོར་
ལྷ་༡༧·

26.九格子
瑜伽・毘盧遮那主尊
(AMM)No.5

チャンドラゴーミンはインドの仏教学者で、サンスクリット文法書や『文殊師利真実名経《しんじつみょうきょう》』の広釈(北京No.3363)を著した。チベットの仏教史書は、彼が中観派のチャンドラキールティと議論したと伝えるが、これは時代錯誤であり、現代の研究では10世紀前半の人物とされている。本曼荼羅はチャンドラゴーミンの解釈に基づくもので、内院の中心は九格子の形状で、その中心に主尊文殊智慧薩埵《さった》を描き、四方の格子に阿閦《あしゅく》(東)・宝生《ほうしょう》(南)・阿弥陀《あみだ》(西)・不空成就《ふくうじょうじゅ》(北)の四仏、四維の格子には四仏母を配する。いっぽう四隅には内四供養、四門には四摂が配されるので、内院の尊数の合計は17尊となる。いっぽう外院は三重の枡形からなり、初重には賢劫《けんごう》十六尊、第二重には種々の教理概念を尊格化した女神、第三重には二十八宿、四門には四天王が配される。そこで全体の尊数は133尊となるが、ハンビッツ本の銘文は内院の17尊のみで、外院を尊数に含めていない。いっぽう内庭は、文殊智慧薩埵が如来部に属するため、毘盧遮那《びるしゃな》を主尊とする瑜伽《ゆが》タントラの塗り分けを採用している。

37.『真実名経《しんじつみょうきょう》』甚深教誡二十一尊曼荼羅

21-deity Mañjughoṣa-maṇḍala
(in the profound tradition)

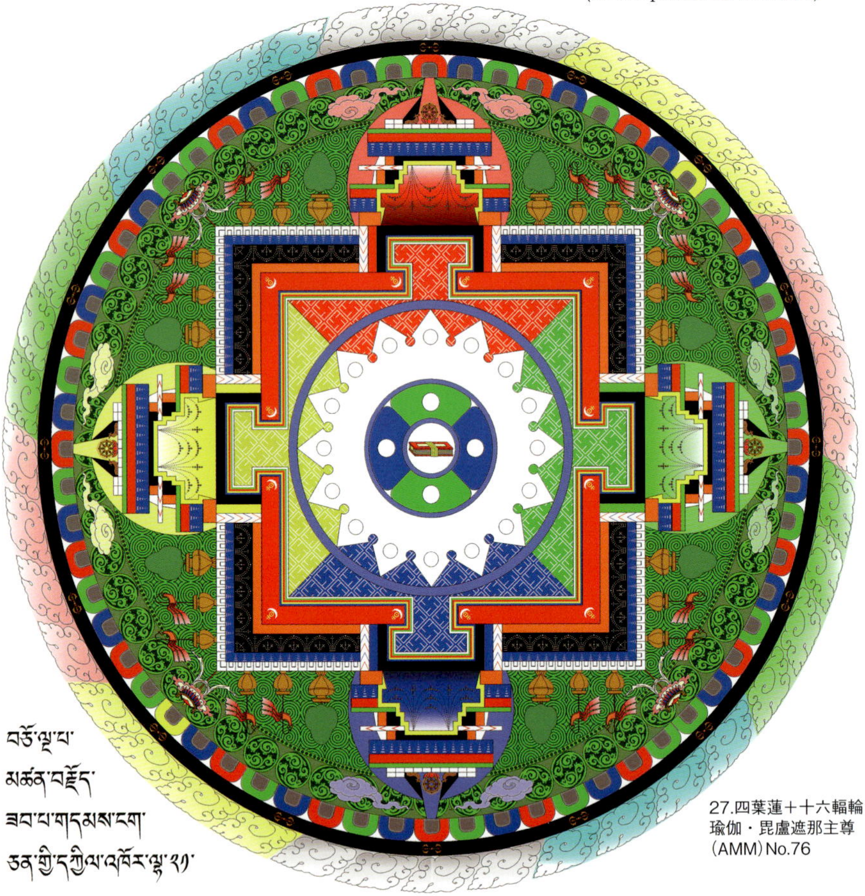

བཅོ་ལྔ་པ་
མཚན་བརྗོད་
ཟབ་པ་གདམས་ངག་
ཅན་གྱི་དཀྱིལ་འཁོར་ལྷ་༢༡་

27.四葉蓮＋十六輻輪
瑜伽・毘盧遮那主尊
(AMM) No.76

本曼荼羅も『文殊師利真実名経』(ナーマサンギーティ)に基づく曼荼羅で、文殊智慧薩埵《さった》を主尊とする。本曼荼羅は、中心が四葉蓮華、外側が十六輻輪の形状で、四葉蓮華の華芯に主尊文殊智慧薩埵(本作品では梵篋《ぼんきょう》で示される)を描き、四方の蓮弁に金剛波羅蜜(東)・宝波羅蜜(南)・法波羅蜜(西)・羯磨《かつま》波羅蜜(北)の四波羅蜜を配する。その外側の十六輻輪の輻上には、薩・王・愛・喜(東)、宝・光・幢《どう》・笑(南)、法・利・因・語(西)、業・護・牙・拳(北)の金剛界十六大菩薩を配する。いっぽう内庭は、文殊智慧薩埵が如来部に属するため、毘盧遮那《びるしゃな》を主尊とする瑜伽《ゆが》タントラの塗り分けを採用している。なおチベットでは、『文殊師利真実名経』が常用読誦経典とされ、広く普及している。同経に基づく曼荼羅も、法界語自在《ほっかいごじざい》曼荼羅(V-39)の作例はきわめて多く、具密流《ぐみつりゅう》(M-35参照)の曼荼羅もしばしば制作されたが、本曼荼羅は他の曼荼羅集にも収録されず、彩色タンカとして描いた作品も知られていない。

38. 般若《はんにゃ》仏母六十四尊曼荼羅

64-deity Prajñāpāramitā-maṇḍala

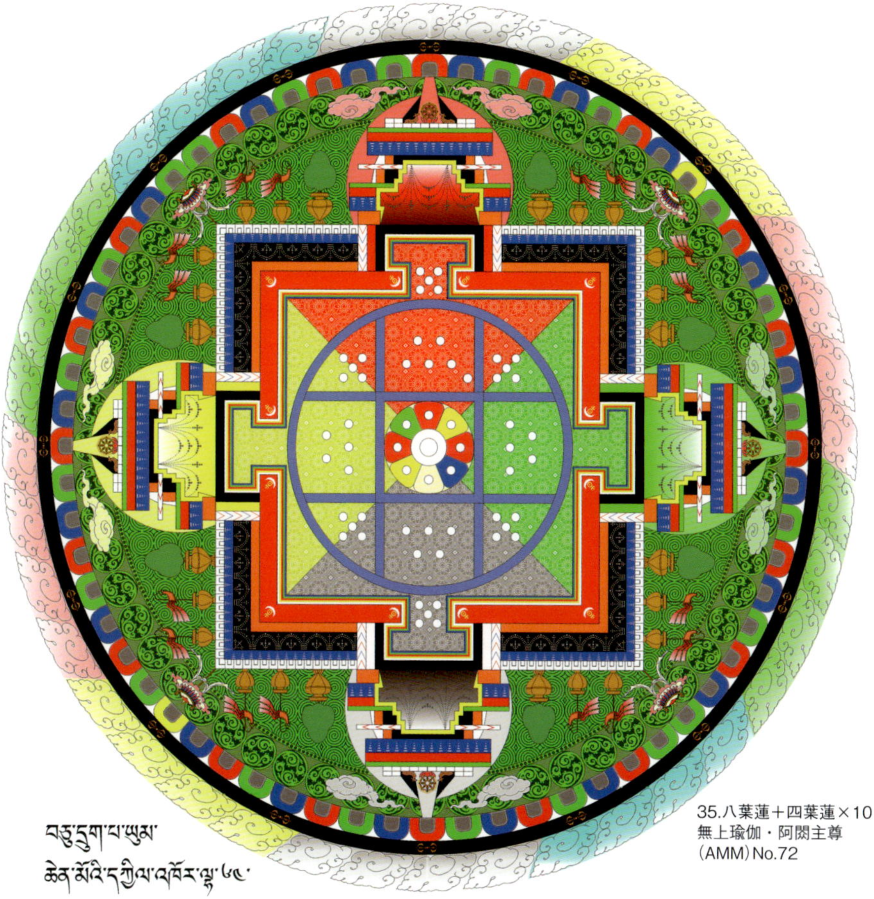

35.八葉蓮＋四葉蓮×10
無上瑜伽・阿閦主尊
(AMM) No.72

བཅུ་དྲུག་པ་ཡུམ་
ཆེན་མོའི་དཀྱིལ་འཁོར་ལྷ་༦༤་

般若仏母は、大乗仏教の根本聖典『般若経』の功徳を尊格化した仏である。般若波羅蜜が女性名詞であることから美しい女性の姿で表され、チベットでは「偉大な仏母」(ユム・チェンモ)と呼ばれた。この曼荼羅は、九格子の中心に八葉蓮華を描き、その華芯に般若仏母、その周囲の八葉上には四仏母と四波羅蜜を配する。また周囲の四方四維と上下には十方仏が描かれ、それぞれ4尊の菩薩を眷属《けんぞく》として伴っている。なお『ロンタ度量法』は、九格子の中心に八葉蓮華、八方と上下(実際には東西の門の中)に10個の四葉蓮華を規定するが、ハンビッツ本では中心の八葉蓮華以外は省略されている。チベット・ネパールでは般若仏母の信仰が盛んで、多くの般若仏母像を目にすることができるが、般若仏母を主尊とした曼荼羅の作例は稀である。ペンコルチューデ仏塔覆鉢《ふくはつ》部南室には、3種類の般若菩薩の曼荼羅(15世紀)が遺されているが、本作品とは一致しない。

39. 舍利百族百尊曼荼羅　100-deity maṇḍala of the 100 clans

བཅུ་བདུན་པ་
སྐུ་རྡུངས་དམ་པ་
རིག་བརྒྱའི་དཀྱིལ་འཁོར་ལྷ་༡༠༠་

33.八葉蓮＋十六輻輪
無上瑜伽・阿閦主尊
(AMM)No.100

百族とは、『金剛頂経』の五部が互相渉入《ごそうしょうにゅう》によって百部になるという思想で、本曼荼羅は、これを百尊からなる曼荼羅として表現している。この曼荼羅は八葉蓮華と十六輻輪（『ロンタ度量法』は八輻輪）を三重の外廊が取り囲むデザインで、八葉蓮華の華芯に主尊毘盧遮那《びるしゃな》を描き、四方に一切悪趣清浄王（東）・宝幢《ほうどう》（南）・釈迦族主（西）・開敷華王《かいふけおう》（北）の四仏、四維に仏眼《ぶつげん》・マーマキー・白衣《びゃくえ》・ターラーの四仏母、十六輻輪の輻上に十六大菩薩、四維には内四供養を配する。外廊の初重には賢劫《けんごう》十六尊、第二重には16尊の無比薩埵《さった》と外四供養、第三重には16比丘と12辟支仏《びゃくしぶつ》を配し、さらに門衛として四摂と四天王を描くので、尊数は101尊に達する。このように本曼荼羅は、一切智《いっさいち》毘盧遮那百五尊曼荼羅（M-23）を参照しつつ、百族の曼荼羅を構成したことがわかる。なおハンビッツ本の銘文には、尊数が100尊と明記されているが、諸尊の座位は97しか描かれていない。いっぽう内庭は、瑜伽《ゆが》タントラの塗り分けとすべきだが、ハンビッツ本は、なぜか阿閦《あしゅく》を主尊とする無上瑜伽タントラの塗り分けを採用している。

40. 金剛薩埵《さった》十七尊曼荼羅　17-deity Vajrasattva-maṇḍala

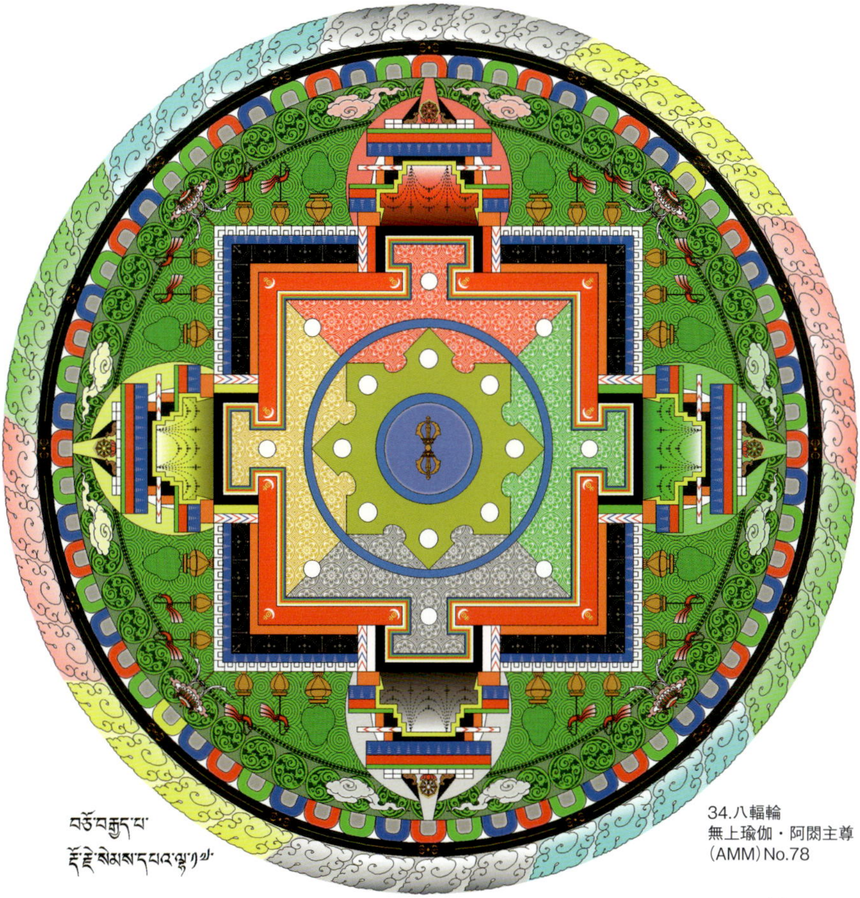

བཅོ་བརྒྱད་པ་
རྡོ་རྗེ་སེམས་དཔའ་ལྷ་ཀུ་ལ་

34.八輻輪
無上瑜伽・阿閦主尊
(AMM)No.78

『アビサマヤ・ムクターマーラー』によると、この曼荼羅は、百字真言(百字明《みょう》ともいう)の本尊である金剛薩埵を主尊とする。百字真言は、『初会金剛頂経』をはじめとする多くの密教経典に説かれ、越三昧《おつさんまい》の罪を浄め、行者を守護する重要な真言である。本曼荼羅は八輻輪の形状で、その中心には右手に金剛杵《こんごうしょ》を執り、左手で鈴を体側に引き寄せる金剛薩埵(本作品では金剛杵で示される)を主尊として描き、八方の輻上には阿閦《あしゅく》(東)・宝生《ほうしょう》(南)・阿弥陀《あみだ》(西)・不空成就《ふくうじょうじゅ》(北)の四仏と、仏眼《ぶつげん》(東南)・マーマキー(西南)・白衣《びゃくえ》(西北)・ターラー(東北)の四仏母を配する。さらに曼荼羅の四隅には香華灯塗の外四供養、四門には四摂菩薩を加えるので、全体の尊数は17尊となる。本曼荼羅は、金剛薩埵を主尊とするため、瑜《ゆ》伽《が》タントラでありながら阿閦を主尊とする無上瑜伽タントラと同じ内庭の塗り分けを採用している。なおウン・ギェルセーは、四仏の東方を阿閦としているが、本作品のように、阿閦主尊の塗り分けを採用するなら、東方は毘盧遮那《びるしゃな》とした方がよいと思われる。

41. 六面ヤマーンタカ二十一尊曼荼羅　21-deity maṇḍala of 6-faced Yamāntaka

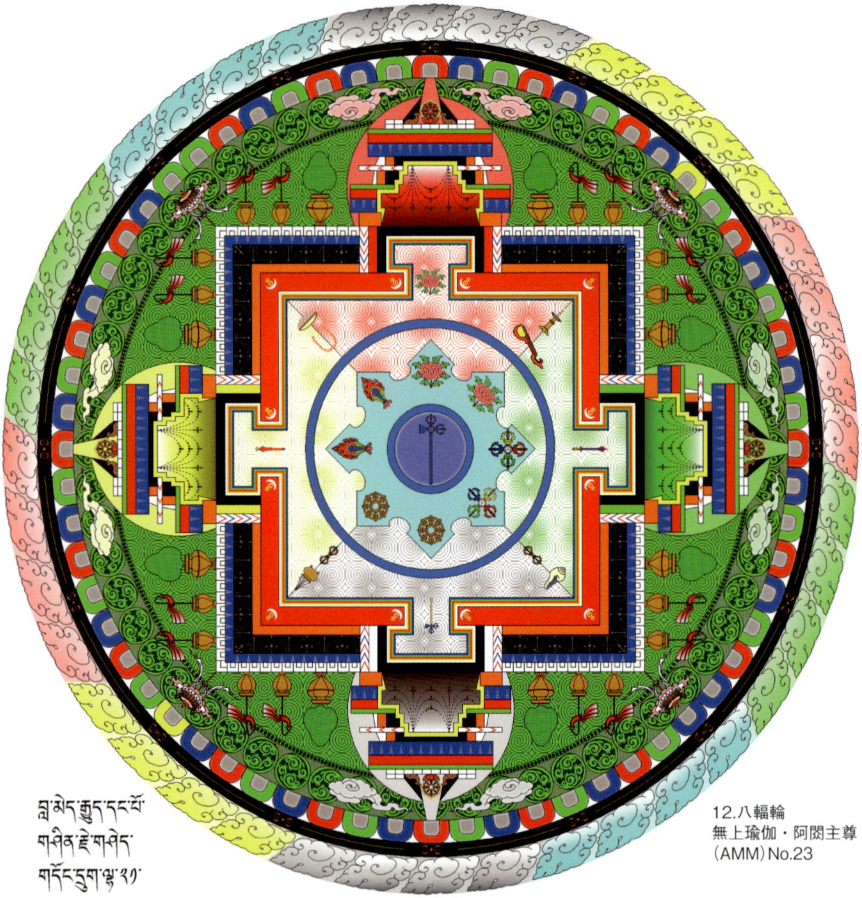

བླ་མེད་རྒྱུད་དང་པོ་
གཤིན་རྗེ་གཤེད་
གདོང་དྲུག་ལྷ་༢༡་

12.八輻輪
無上瑜伽・阿閦主尊
(AMM)No.23

「ミトラ百種」は、本曼荼羅から無上瑜伽《ゆが》父タントラに入る。本曼荼羅は、文殊の忿怒形《ふんぬぎょう》である六面ヤマーンタカを主尊とする。その形状は八輻輪で、その中心に身色赤色で、妃のヴァジュラヴェーターリーを伴う6面6臂《ひ》6足の主尊ヤマーンタカ(本作品では金剛鎚で示される)を描き、四方の鈷上にモーハヤマーリ(東)・マトサルヤヤマーリ(南)・ラーガヤマーリ(西)・イールシャーヤマーリ(北)の4ヤマーリ、四維の鈷上に地金剛女《こんごうにょ》・水金剛女・火金剛女・風金剛女の4女尊を配する。いっぽう内庭の四隅には、嬉鬘歌舞《きまんかぶ》の内四供養と、香華灯塗の外四供養を配し、曼荼羅の四門にはムドガラヤマーリ(東)・ダンダヤマーリ(南)・パドマヤマーリ(西)・カドガヤマーリ(北)の4門衛を配する。なおハンビッツ本が、すべての諸尊を三昧耶形《さんまやぎょう》を描いているのは注目に値する。いっぽう内庭は、阿閦《あしゅく》を主尊とする無上瑜伽タントラの塗り分けを採用している。なお本曼荼羅の構成は、「ゴル曼荼羅集」所収のラ流六面文殊ヤマーリ曼荼羅(No.53)に、ほぼ一致する。

42. ラクタヤマーリ十三尊曼荼羅　13-deity Raktayamāri-maṇḍala

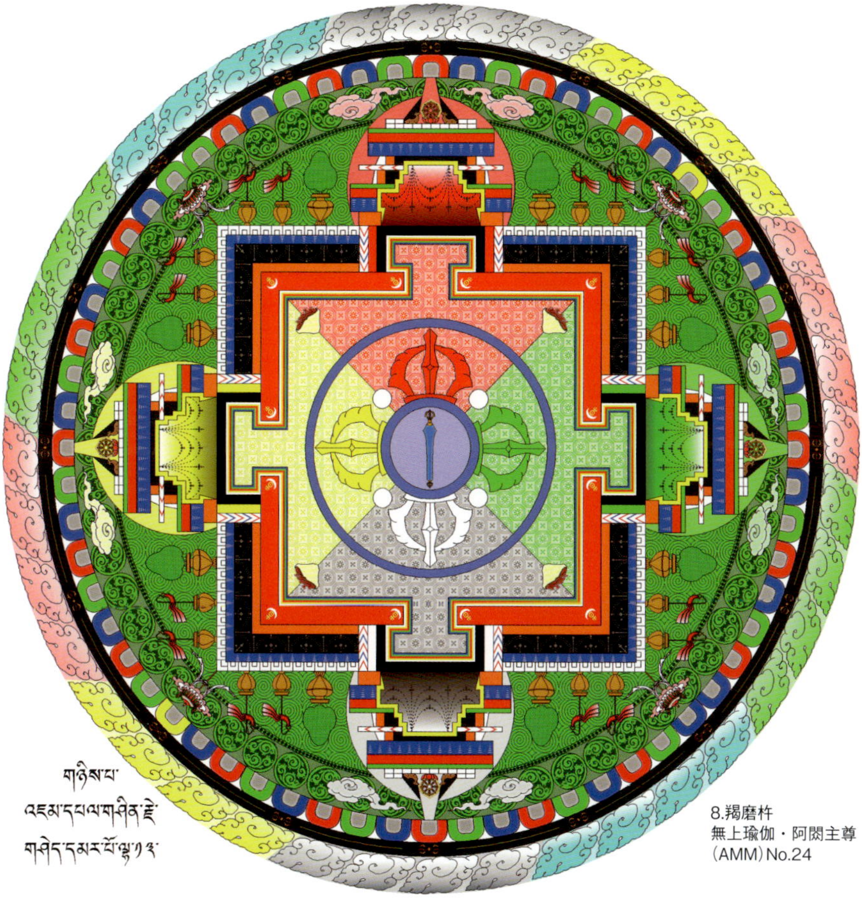

གཉིས་པ་
འཇམ་དཔལ་གཤིན་རྗེ་
གཤེད་དམར་པོ་ལྷ་༡༣་

8.羯磨杵
無上瑜伽・阿閦主尊
(AMM)No.24

ラクタヤマーリとは「赤いヤマ神の敵」を意味し、日本の大威徳明王に相当するヤマーンタカの一種である。チベットでは、ラクタヤマーリ・クリシュナヤマーリ・ヴァジュラバイラヴァの３尊を「赤黒怖畏の三種ヤマーンタカ」(シンジェ・マルナクジクスム)と呼び、仏敵を退治する調伏法の本尊とした。本曼荼羅は、羯磨《かつま》金剛の形状をした四輻輪で、その中心に身色赤色で、妃のヴァジュラヴェーターリーを伴う１面２臂《ひ》の主尊ラクタヤマーリ(本作品では青い杖で示される)を描き、四方の鈷上に妃チャルチカーを伴うモーハヤマーリ(東)・妃ヴァーラーヒーを伴うマトサルヤヤマーリ(南)・妃サラスヴァティーを伴うラーガヤマーリ(西)・妃ガウリーを伴うイールシャーヤマーリ(北)を配する。さらに四門には、ヤマラージャをはじめとする４尊の門衛を配する。なおハンビッツ本では、羯磨金剛の鈷上と四門に尊格の座を示す小円がなく、四維に座を示す小円を描いているが、これは作図の誤りと思われる。いっぽう内庭は、阿閦《あしゅく》を主尊とする無上瑜伽《ゆが》タントラの塗り分けを採用している。

43. ヴァジュラバイラヴァ九尊曼荼羅　9-deity Vajrabhairava-maṇḍala

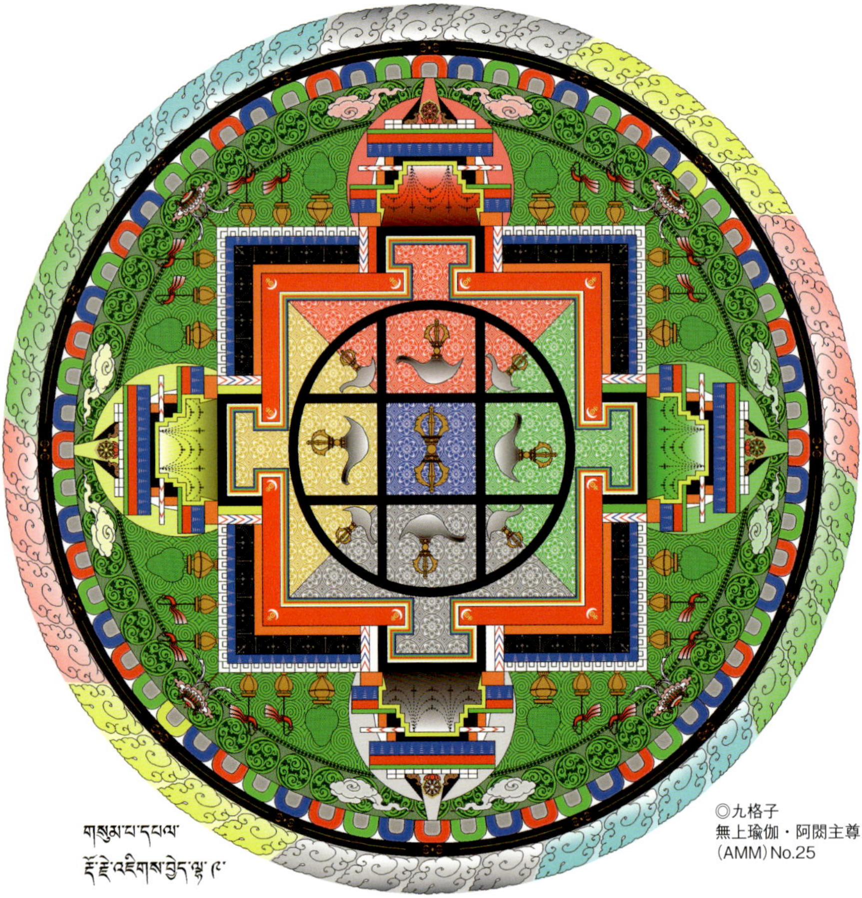

གསུམ་པ་དཔལ་
རྡོ་རྗེ་འཇིགས་བྱེད་ལྷ་ ༩་

◎九格子
無上瑜伽・阿閦主尊
(AMM) No.25

ヴァジュラバイラヴァは「赤黒怖畏の三種ヤマーンタカ」の中でも、最も恐るべき忿《ふん》怒《ぬ》尊とされている。本曼荼羅は九格子の形状で、その中心に９面32臂《ひ》16足の主尊ヴァジュラバイラヴァを描き、周囲には焔魔鉤《こう》女(東)・焔魔索《さく》女(南)・焔魔鎖《さ》女(西)・焔魔遍入女(北)・焔魔黒夜女(東南)・焔魔使者女(西南)・具牙女(西北)・焔魔杖女(東北)を配する。なお本作品では、主尊は金剛杵《こんごうしょ》、眷属《けんぞく》の８女尊は、すべてカルトリ(曲刀)で示されている。現在のチベットでは、ゲルク派を中心に『秘密集会《ひみつしゅうえ》』の体系と整合的なヴァジュラバイラヴァ十三尊曼荼羅が普及しているが、本曼荼羅はそれとは大きく相違している。これに対して「ゴル曼荼羅集」所収のヴァジュラバイラヴァ十七尊曼荼羅(No.56)は、本曼荼羅と眷属の８女尊の名がほぼ一致するが、「ゴル曼荼羅集」では眷属を九格子の外に描いており、配置法は異なっている。いっぽう内庭は、他のヤマーンタカの曼荼羅と同じく、阿閦《あしゅく》を主尊とする無上瑜伽《ゆが》タントラの塗り分けを採用している。

44. ヴァジュラバイラヴァ十八尊曼荼羅 18-deity Bhairava-maṇḍala

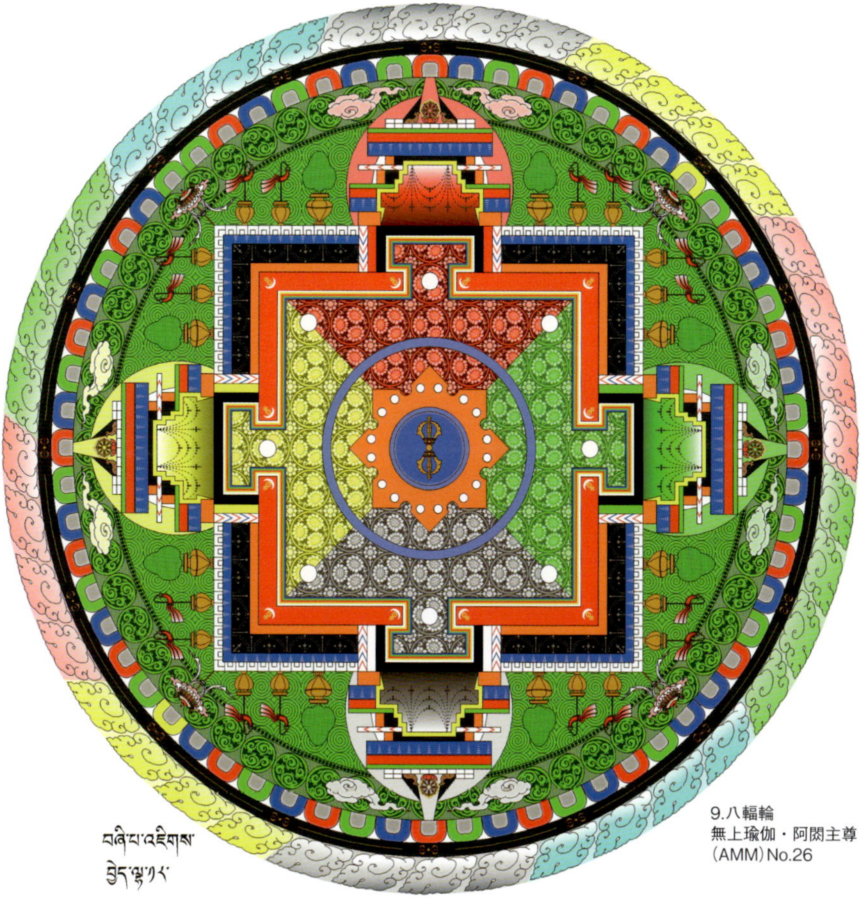

བཞི་པ་འཇིགས་
བྱེད་ལྷ་ཀུ་ར་

9.八輻輪
無上瑜伽・阿閦主尊
(AMM) No.26

『アビサマヤ・ムクターマーラー』によれば、この曼荼羅は12世紀にチベットを訪れたインドの密教者ヴァイローチャナラクシタの流儀とされる。本曼荼羅は八輻輪の形状で、その中心に９面34臂《ぴ》16足の主尊ヴァジュラバイラヴァ(本作品では金剛杵《こんごうしょ》で示される)と妃ヴァジュラナイラートミヤーを描き、周囲の輻上には、いずれも妃を伴う焔魔法王(東)・テルパ(東南)・アワランゴ(南)・ヤワティ(西南)・シンジェミクマル(西)・チャサン(西北)・ミクパ(北)・レルパツァルグ(東北、サンスクリット原語が不明なので漢訳名とチベット訳を挙げる)の８尊を配する。なお８つの輻上に座位を示す小円が二つ並んでいるのは、妃を伴うことを示している、いっぽう内庭の四隅には、嬉鬘歌舞《きまんかぶ》の内四供養、曼荼羅の四門には門衛の四摂(女尊)が配される。なお「ゴル曼荼羅集」所収のヴァジュラバイラヴァ十七尊曼荼羅(No.56)には、本曼荼羅とほぼ一致する８眷属《けんぞく》が現れるが、配置法は異なっている。いっぽう内庭は、他のヤマーンタカの曼荼羅と同じく、無上瑜伽《ゆが》タントラの塗り分けを採用している。

45. 二臂《にひ》ヴァジュラバイラヴァ九尊曼荼羅　9-deity maṇḍala of 2-armed Bhairava

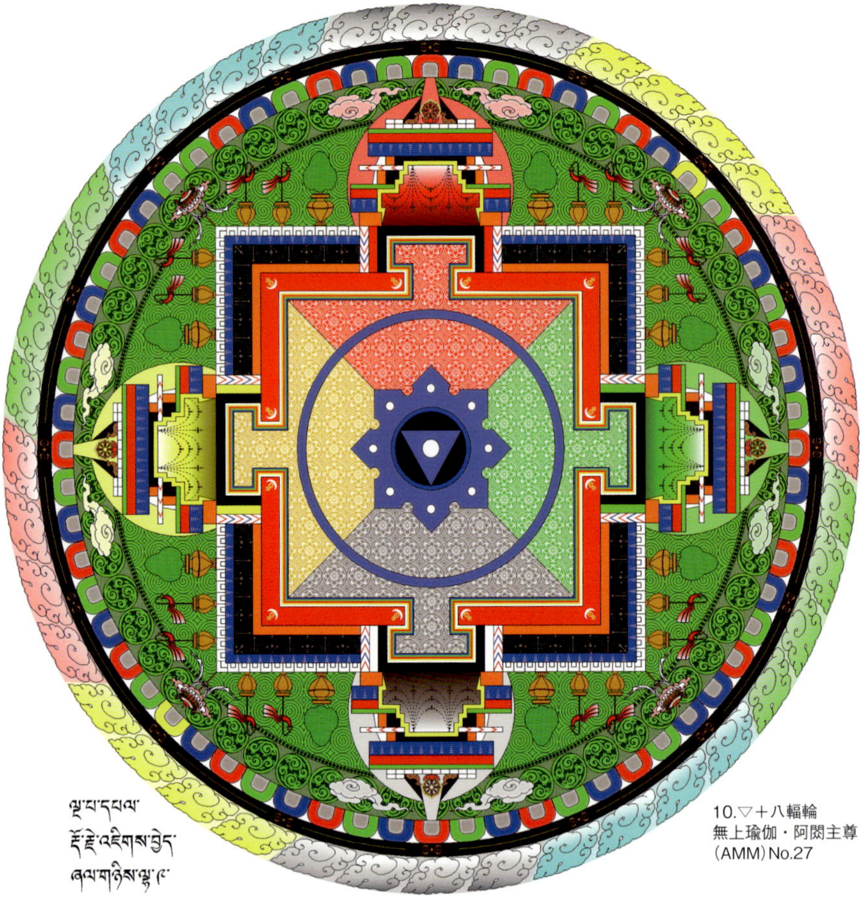

ལྷ་པ་དཔལ་
རྡོ་རྗེ་འཇིགས་བྱེད་
ཞལ་གཉིས་ལྷ་༩་

10.▽＋八輻輪
無上瑜伽・阿閦主尊
(AMM) No.27

『アビサマヤ・ムクターマーラー』によれば、この曼荼羅は水牛の頭をもち、右手にカルトリ(曲刀)、左手に血を盛ったカパーラ(盛血劫波杯)を持つ１面２臂のヴァジュラバイラヴァを主尊とする。この曼荼羅は青黒の八輻輪の中に逆三角形を描いた形状で、逆三角形の中心に主尊ヴァジュラバイラヴァを描き、周囲の輻上には、シンジェヤワティ(東)・チューギェル(南)・テルパ(西)・アワランゴ(北)・シンジェミクパ(東南)・チャサン(西南)・ミクマル(西北)・レルパツァルグ(東北、サンスクリット名が不明なのでチベット訳を挙げる)の８尊を配する。これらとほぼ同じ８尊は、ヴァジュラバイラヴァ十八尊曼荼羅(M-44)にも現れるが、配置法は異なっている。なおハンビッツ本の銘文は、本曼荼羅を「二面のヴァジュラバイラヴァ」rdo rje 'jigs byed źal gñisとするが、これは「一面二臂」źal cig phyag gñisを誤って短縮したものと思われる。いっぽう内庭は、他のヤマーンタカの曼荼羅と同じく、阿閦《あしゅく》を主尊とする無上瑜伽《ゆが》タントラの塗り分けを採用している。

46. 大輪《だいりん》金剛手十四尊曼荼羅

14-deity Mahācakravajrapāṇi-maṇḍala

དྲུག་པ་ཕྱུག་
རྡོར་འཁོར་ཆེན་
པོ་ལྷ་༡༤

11.八葉蓮＋四輻輪
無上瑜伽・阿閦主尊
(AMM)No.82

『青衣《しょうえ》金剛手タントラ』に説かれる３面６臂《ひ》の大輪金剛手は、チベットでは有力な守護尊の一つに数えられる。その曼荼羅は、四輻輪の形状で、その中心に妃を伴う大輪金剛手(本作品では青色の金剛杵《こんごうしょ》で示される)を主尊として描き、四方の輻上に能勝魔障(東)・金剛光(南)・烈声(西)・甘露軍荼利《ぐんだり》(北)の４尊(サンスクリット名が不明なので漢訳名を挙げる)を配する。これらはいずれも妃を伴う１面４臂像だが、本作品では白黄赤緑の金剛杵で示されている。いっぽう曼荼羅の四門には、門衛として四摂が配される。これらは父母仏で描く場合と、男女２尊を門の左右に配する場合があるが、本作品では鉤索鏁鈴《こうさくされい》のシンボルで示されている。なお『ロンタ度量法』は、本曼荼羅の形状を四輻輪の中心に八葉蓮華を描くと規定するが、八葉蓮華はハンビッツ本をはじめ、多くの現存作例で省略されている。また本曼荼羅の尊数は、通常は父母仏を１尊と数えて13尊とするが、『パトラ・ラトナマーラー』とハンビッツ本の銘文は、大輪金剛手の妃を尊数に入れて14尊としている。

47. 白色サンヴァラ二十九尊曼荼羅　29-deity maṇḍala of White Saṃvara

བདུན་པ་
བདེ་མཆོག་དཀར་པོ་
ལྷ་ ༢༩་

13.三重八輻輪
無上瑜伽・阿閦主尊
(AMM)No.40

「ミトラ百種曼荼羅集」は、本作品から無上瑜伽《ゆが》母タントラに入る。なお主な母タントラの曼荼羅は『ヴァジュラーヴァリー』に収録されており、「ミトラ百種」には、そこに収録されなかった特殊な変種のみが含まれている。したがって以下では、『ヴァジュラーヴァリー』所収作品との相違点を中心に、簡単な解説を施すことにしたい。本曼荼羅は、サンヴァラ系の特徴である三重の八輻輪の中心に八葉蓮華を配する形状で、蓮華の華芯に主尊白色サンヴァラ(金剛杵《こんごうしょ》で示される)を描き、四方の蓮弁にダーキニー(東)・ラーマー(北)・カンダローハー(西)・ルーピニー(南)の４女尊、三重の八輻輪に身口意《しんくい》の三密輪に配される勇者(男尊)のみを配し、三昧耶輪《さんまやりん》の８女尊を描かない。したがって尊数の総計は29尊となる。このように本曼荼羅は「父系(ヤブコル)」と呼ばれ、男尊中心の体系となっている。なお『ロンタ度量法』は、本曼荼羅の形状を他のサンヴァラ系と同じ三重八輻輪としているが、ハンビッツ本では、三重の八輻輪を法輪ではなく、武器のチャクラを３つ重ねた形状で描いている。

48. チャクラサンヴァラ十三尊曼荼羅　13-deity Cakrasaṃvara-maṇḍala

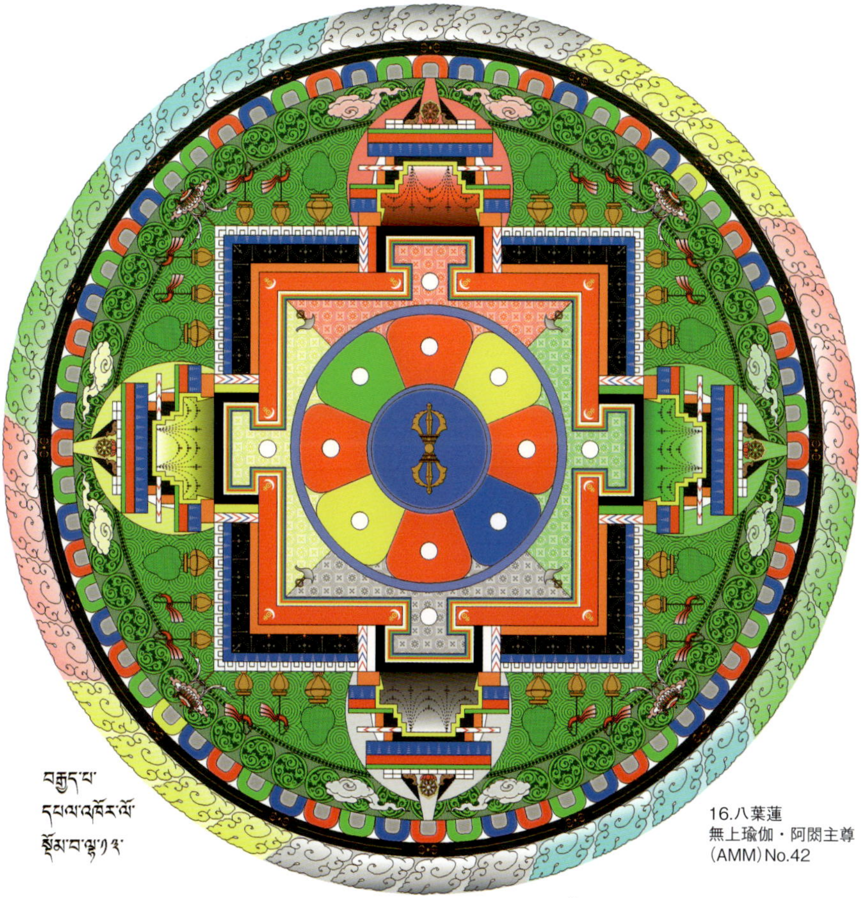

བརྒྱད་པ་
དཔལ་འཁོར་ལོ་
སྡོམ་པ་ལྷ་༡༣་

16.八葉蓮
無上瑜伽・阿閦主尊
(AMM)No.42

本曼荼羅は八葉蓮華の形状で、蓮華の華芯に４面12臂《ひ》の主尊サンヴァラと妃のヴァジュラヴァーラーヒー(金剛杵《こんごうしょ》で示される)を描き、四方の蓮弁にダーキニー(東)・ラーマー(北)・カンダローハー(西)・ルーピニー(南)の４女尊を配する。いっぽう曼荼羅の四門には、カーカースヤー(烏頭女、東)・ウルーカースヤー(梟頭女、北)、シュヴァーナースヤー(狗頭女、西)、シューカラースヤー(猪頭女、南)という門衛の４女尊、内庭の四隅にはヤマダーヒー(東南)・ヤママタニー(東北)・ヤマダンシュトリー(西北)・ヤマドゥーティー(西南)の４女尊(本作品ではカルトリで示される)を配する。なおこの13尊形式は、サンヴァラ系の釈タントラ『サンヴァローダヤ』の第13章の所説と一致し、チャクラサンヴァラ六十二尊曼荼羅(V-19)から身口意《しんくい》の三密輪を取り去ったものと見ることもできる。いっぽう内庭は、他のサンヴァラ系の曼荼羅と同じく、阿閦《あしゅく》を主尊とする無上瑜伽《ゆが》タントラの塗り分けを採用している。本曼荼羅は、チベットでは稀だが、ネパールではかなりの数の作例を遺している。

49. サハジャサンヴァラ五尊曼荼羅　5-deity Sahajasaṃvara-maṇḍala

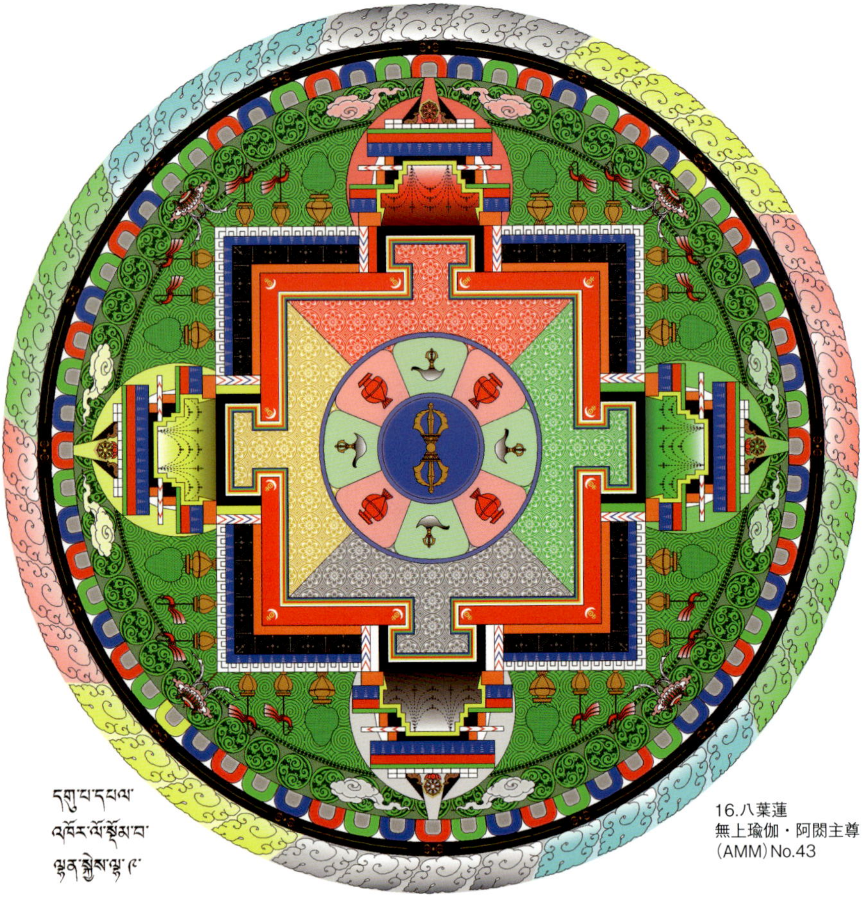

དཀྱི་པ་དཔལ་
འཁོར་ལོ་སྡོམ་པ་
ལྷན་སྐྱེས་ལྷ་༥་

16.八葉蓮
無上瑜伽・阿閦主尊
(AMM)No.43

サハジャ(倶生《くしょう》)とは、母タントラ系の究極の真理を意味する術語だが、密教図像においては、人間の生まれたままの姿、つまり１面２臂《ひ》の図像を指すことが多い。これらの図像は、多面広臂の複雑な図像を観想し、これとの一体化を修することができない者のために考案された図像といわれる。本曼荼羅は八葉蓮華の形状で、蓮華の華芯に１面２臂のサンヴァラと妃(金剛杵《こんごうしょ》で示される)を主尊として描き、四方の蓮弁にヴァジュラダーキニー(東)・カルマダーキニー(北)・パドマダーキニー(西)・ラトナダーキニー(南)の４人のダーキニー(カルトリで示される)を左旋に配する。いっぽう内庭は、他のサンヴァラ系の曼荼羅と同じく、阿《あ》閦《しゅく》を主尊とする無上瑜《ゆ》伽《が》タントラの塗り分けを採用している。本曼荼羅は、数多いサンヴァラ系の曼荼羅の中でも、もっとも単純なものといえるが、チベットにおける作例は稀である。しかし主尊のサハジャサンヴァラは、タンカ(軸装仏画)などに描かれ、しばしば目にすることができる。

50. ティローパ流サンヴァラ九尊曼荼羅

9-deity Saṃvara-maṇḍala
(as transmitted by Tilopa)

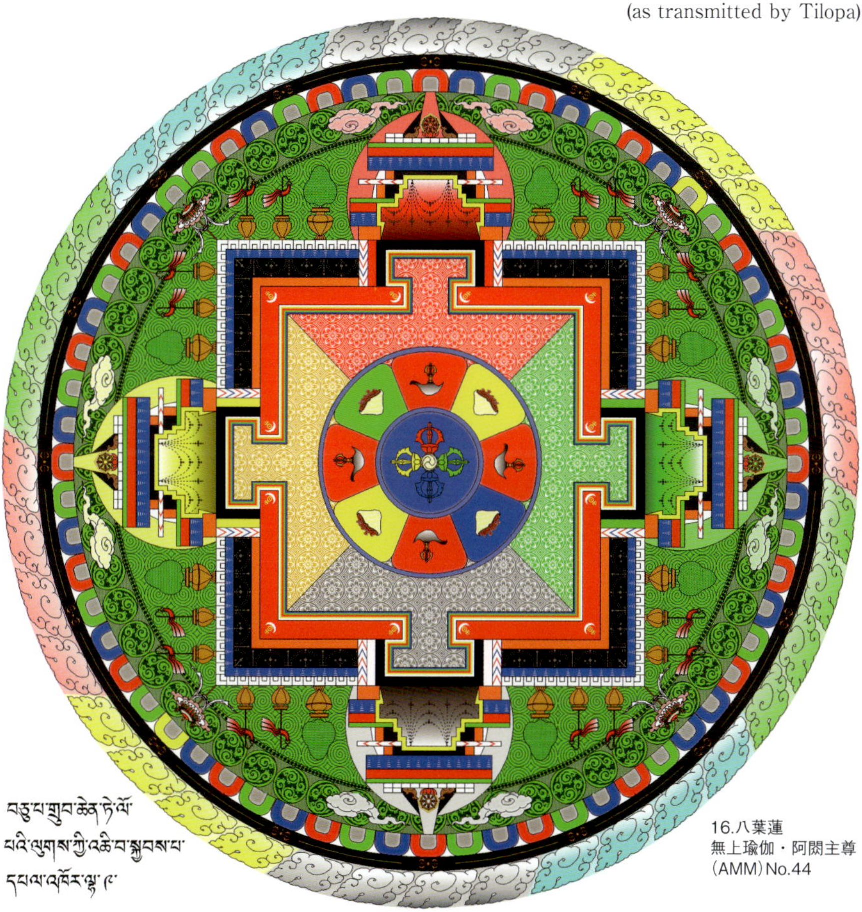

བཅུ་པ་གྲུབ་ཆེན་ཏེ་ལོ་
པའི་ལུགས་ཀྱི་འཆི་བ་སླུབས་པ་
དཔལ་འཁོར་ལྷ་༩་

16.八葉蓮
無上瑜伽・阿閦主尊
(AMM) No.44

ティローパは10世紀後半から11世紀前半にかけてインドで活躍した密教行者で、チベット仏教カギュー派は、その法系に属している。本曼荼羅は、ティローパが創始したもので、死を避け長寿をもたらすとされている。その曼荼羅は八葉蓮華の形状で、蓮華の華芯に４面16臂《ひ》のサンヴァラ(本作品では羯磨《かつま》金剛として示される)を主尊として描き、四方の蓮弁にカーカースヤー(烏頭女、東)・ウルーカースヤー(梟頭女、北)・シュヴァーナースヤー(狗頭女、西)・シューカラースヤー(猪頭女、南)、四維の蓮弁にヤマダーヒー(東南)・ヤママタニー(東北)・ヤマダンシュトリー(西北)・ヤマドゥーティー(西南)の８女尊(本作品ではカルトリとカパーラで示される)を配する。いっぽう内庭は、他のサンヴァラ系の曼荼羅と同じく、阿閦《あしゅく》を主尊とする無上瑜伽《ゆが》タントラの塗り分けを採用している。本曼荼羅は、チャクラサンヴァラ六十二尊曼荼羅(V-19)から主尊と外側の三昧《さんま》耶輪《やりん》を抽出したものと見ることができるが、チベットで作例を見ることは稀である。

51. アドヴァヤヴァジュラ流サンヴァラ八尊曼荼羅　8-deity Saṃvara-maṇḍala (as transmitted by Ādvayavajra)

བཅུ་གཅིག་པ་
གཉིས་མེད་རྡོ་རྗེའི་ལུགས་
ཀྱི་བདེ་མཆོག་ལྷ་བརྒྱད་

17.六輻輪
無上瑜伽・阿閦主尊
(AMM)No.45

このサンヴァラ八尊曼荼羅は、アドヴァヤヴァジュラが創始したものといわれる。彼は、10世紀末から11世紀中葉にかけてインドで活躍した密教者で、チベット仏教カギュー派の祖師マイトリーパと同一人物ともいわれる。その形状は他に類を見ない六輻輪で、中心には3面6臂《ひ》の主尊ヘールカと妃(本作品では二つの小円で示される)を描き、六方の輻上にタクトゥンマ、ジクジェーマ、タクトゥムマ、ナンジェーマ、ドルジェタクモ、ドルジェカンドの6女尊(サンスクリット原語が不明なのでチベット訳を挙げる)を配する。いっぽう内庭は、他のサンヴァラ系の曼荼羅と同じく、阿閦《あしゅく》を主尊とする無上瑜伽《ゆが》タントラの塗り分けを採用している。本曼荼羅は、「ゴル曼荼羅集」など他の曼荼羅集には収録されず、彩色タンカとして描いた作品も知られていない。

52. 三面六臂《ろくひ》ヴァジュラヴァーラーヒー十三尊曼荼羅

13-deity maṇḍala of 3-faced 6-armed Vajravārāhī

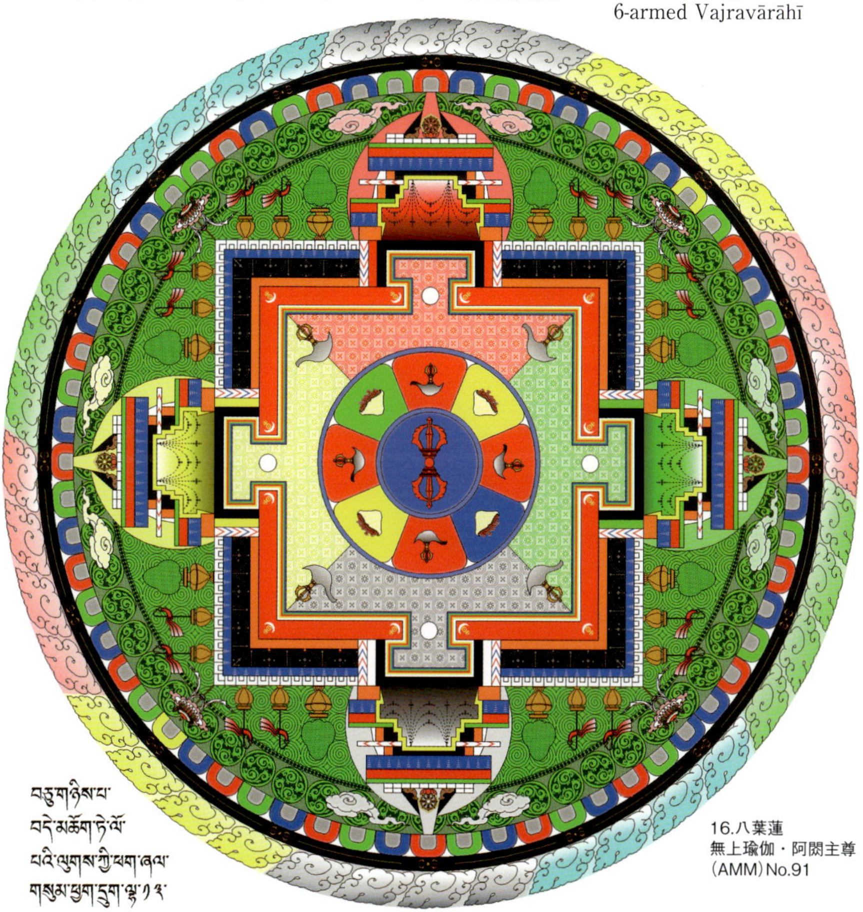

བཅུ་གཉིས་པ་
བདེ་མཆོག་ཧེ་ཡོ་
པའི་ལུགས་ཀྱི་ཕག་ཞལ་
གསུམ་ཕྱག་དྲུག་ལྷ་༡༣་

16.八葉蓮
無上瑜伽・阿閦主尊
(AMM) No.91

本曼荼羅は八葉蓮華の形状で、蓮華の華芯に3面6臂のヴァジュラヴァーラーヒー(本作品では赤色の金剛杵《こんごうしょ》で示される)を主尊として描き、四方の蓮弁にダーキニー(東)・ラーマー(北)・カンダローハー(西)・ルーピニー(南)の4女尊(本作品ではカルトリで示される)を配し、四維にはカパーラ(髑髏《どくろ》杯)を描く。いっぽう曼荼羅の四門には、カーカースヤー(烏頭女、東)・ウルーカースヤー(梟頭女、北)、シュヴァーナースヤー(狗頭女、西)、シューカラースヤー(猪頭女、南)という門衛の4女尊、内庭の四隅にはヤマダーヒー(東南)・ヤママタニー(東北)・ヤマダンシュトリー(西北)・ヤマドゥーティー(西南)の4女尊(本作品ではカルトリで示される)を配する。なおこの曼荼羅は、チャクラサンヴァラ十三尊曼荼羅(M-48)の主尊を、妃のヴァジュラヴァーラーヒーに換えたものと見ることができる。いっぽう内庭は、他のサンヴァラ系の曼荼羅と同じく、阿閦《あしゅく》を主尊とする無上瑜伽《ゆが》タントラの塗り分けを採用している。

53. 二面ヴァーラーヒー十三尊曼荼羅　13-deity maṇḍala of 2-faced Vajravārāhī

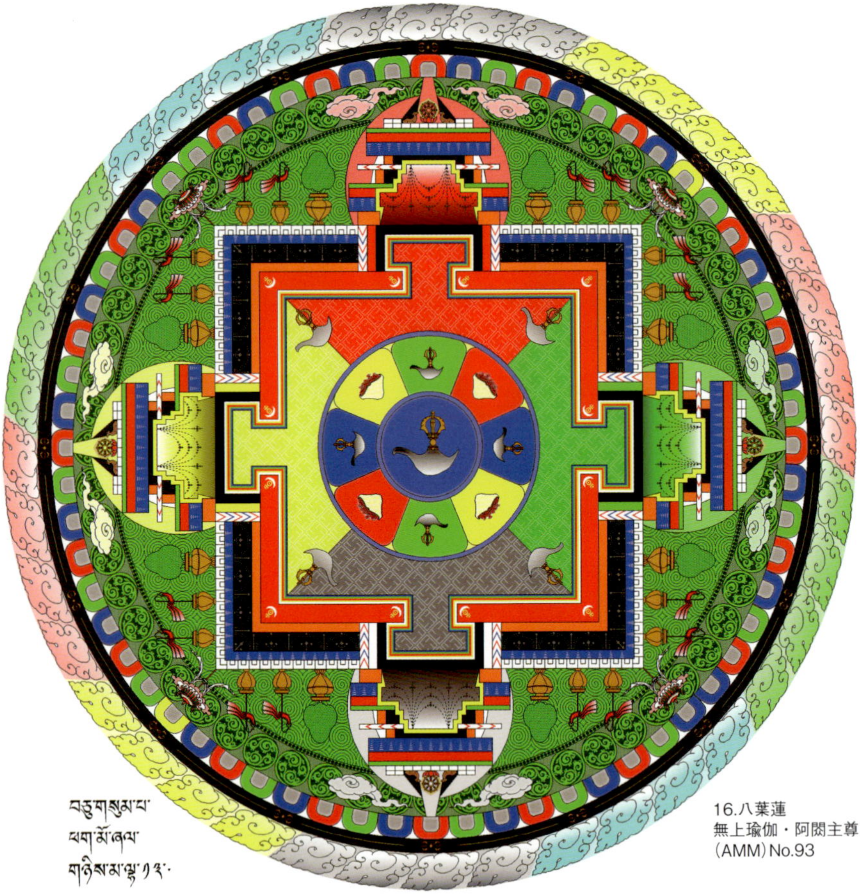

བཅུ་གསུམ་པ་
ཕག་མོ་ཞལ་
གཉིས་མ་ལྷ་༡༣་

16.八葉蓮
無上瑜伽・阿閦主尊
(AMM) No.93

二面ヴァーラーヒーとは、人間の本面の右側に野猪の面、あるいはその形状の瘤をもつヴァジュラヴァーラーヒーを意味する。本曼荼羅は八葉蓮華の形状で、蓮華の華芯に二面ヴァーラーヒー(本作品ではカルトリで示される)を主尊として描き、四方の蓮弁にダーキニー(東)・ラーマー(北)・カンダローハー(西)・ルーピニー(南)の4女尊(本作品ではカルトリで示される)を配し、四維にはカパーラを描く。いっぽう曼荼羅の四門には、カーカースヤー(烏頭女、東)・ウルーカースヤー(梟頭女、北)、シュヴァーナースヤー(狗頭女、西)、シューカラースヤー(猪頭女、南)の4門衛(ハンビッツ本には描かれていない)、内庭の四隅にはヤマダーヒー(東南)・ヤママタニー(東北)・ヤマダンシュトリー(西北)・ヤマドゥーティー(西南)の4女尊(本作品ではカルトリで示される)を配する。いっぽう内庭は、他のサンヴァラ系の曼荼羅と同じく、阿閦《あしゅく》を主尊とする無上瑜伽《ゆが》タントラの塗り分けを採用している。

54. 一切義成就ヴァーラーヒー十三尊曼荼羅

13-deity Sarvārthasiddhi-Vārāhī-maṇḍala

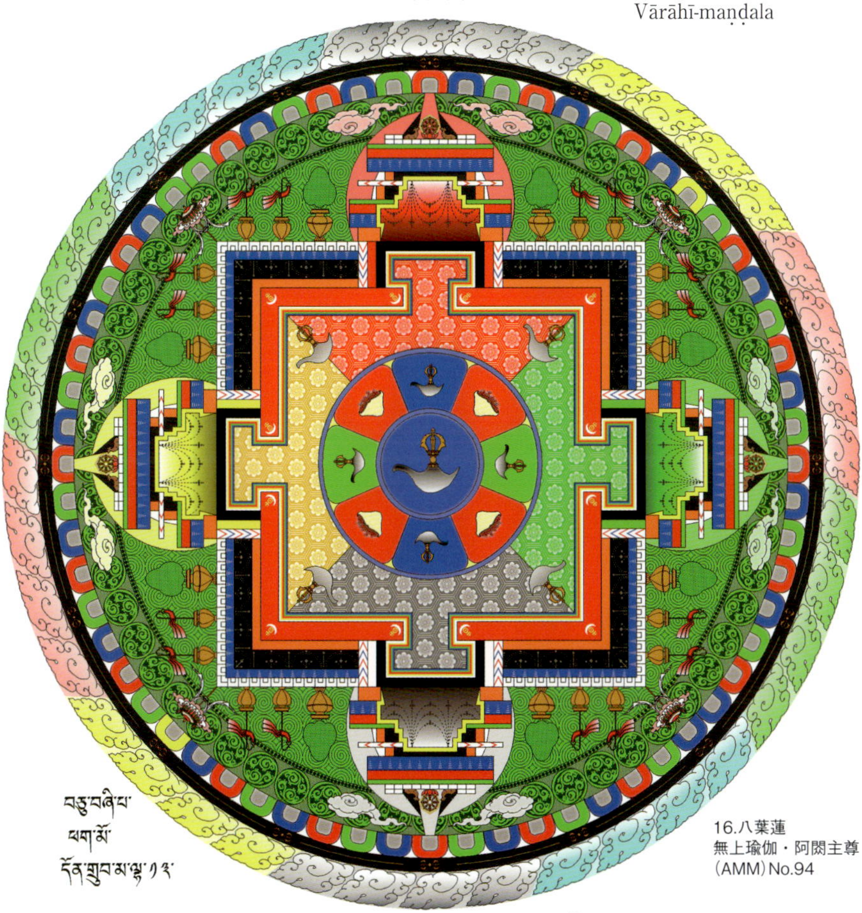

བཅུ་བཞི་པ་
ཕག་མོ་
དོན་གྲུབ་མ་ལྷ་༡༣་

16.八葉蓮
無上瑜伽・阿閦主尊
(AMM)No.94

本曼荼羅は八葉蓮華の形状で、蓮華の華芯に１面４臂《ひ》のヴァジュラヴァーラーヒー(本作品ではカルトリで示される)を主尊として描き、四方の蓮弁にダーキニー(東)・ラーマー(北)・カンダローハー(西)・ルーピニー(南)の４女尊(本作品ではカルトリで示される)を配し、四維にはカパーラ(髑髏《どくろ》杯)を描く。いっぽう曼荼羅の四門には、カーカースヤー(烏頭女、東)・ウルーカースヤー(梟頭女、北)・シュヴァーナースヤー(狗頭女、西)・シューカラースヤー(猪頭女、南)の４門衛(ハンビッツ本には描かれていない)、内庭の四隅にはヤマダーヒー(東南)・ヤママタニー(東北)・ヤマダンシュトリー(西北)・ヤマドゥーティー(西南)の４女尊(本作品ではカルトリで示される)を配する。いっぽう内庭は、他のサンヴァラ系の曼荼羅と同じく、阿閦《あしゅく》を主尊とする無上瑜伽《ゆが》タントラの塗り分けを採用している。本曼荼羅は前者(M-53)と同じ構成であるが、主尊ヴァジュラヴァーラーヒーの付加された２本の手に持つ鉤《こう》と索《さく》で、「一切の目的を成就する」という本曼荼羅の特徴を表現したと思われる。

55. チンナマスタカー・ヴァーラーヒー十三尊曼荼羅

13-deity Chinnamastakā-Vārāhī-maṇḍala

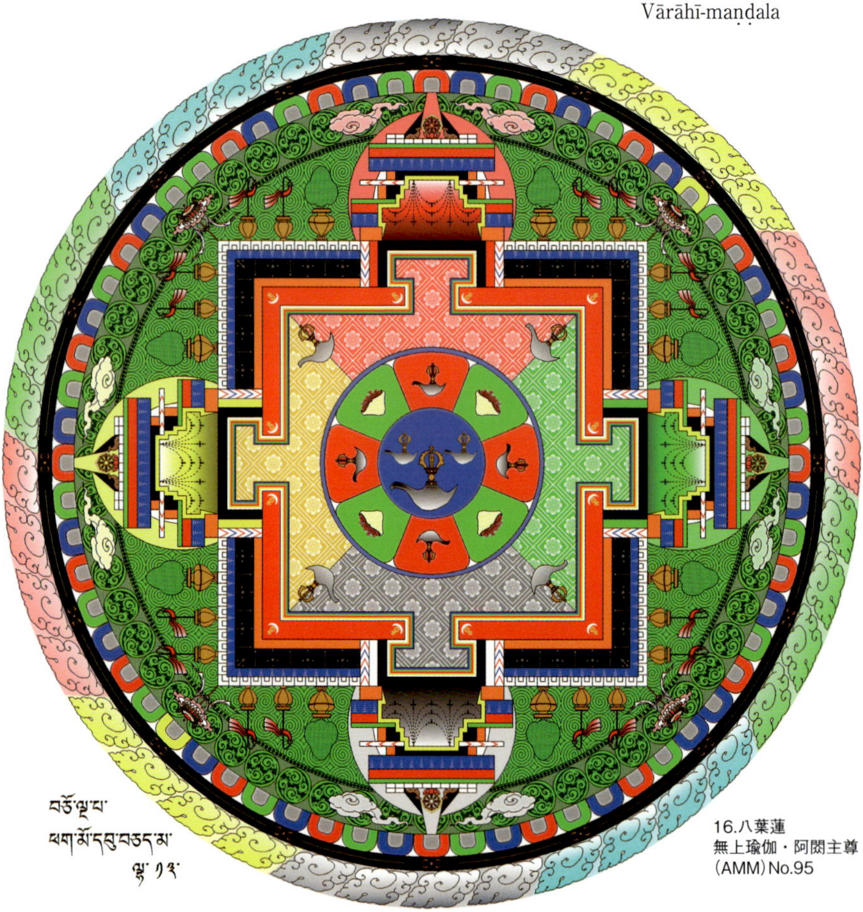

བཅོ་ལྔ་པ་
ཕག་མོ་དབུ་བཅད་མ་
ལྷ་ ༡༣

16.八葉蓮
無上瑜伽・阿閦主尊
(AMM)No.95

チンナマスタカーとは「切断された首をもつ女」の意で、自らの首を切り、その血液をすするドゥルガー女神を指すが、仏教では、これをヴァジュラヴァーラーヒーの一形態とする。その曼荼羅は八葉蓮華の形状で、その華芯にチンナマスタカー(本作品ではカルトリで示される)を主尊として描き、四方の蓮弁にダーキニー(東)・ラーマー(北)・カンダローハー(西)・ルーピニー(南)の４女尊(本作品ではカルトリで示される)を配し、四維にはカパーラ(髑髏《どくろ》杯)を描く。なお主尊の左右に描かれる二つの小さなカルトリは、２人の侍女を示している。いっぽう曼荼羅の四門には、カーカースヤー以下の４門衛(ハンビッツ本には描かれていない)、内庭の四隅にはヤマダーヒー以下の４女尊(本作品ではカルトリで示される)を配する。いっぽう内庭は、他のサンヴァラ系の曼荼羅と同じく、阿閦《あしゅく》を主尊とする無上瑜伽《ゆが》タントラの塗り分けを採用している。チンナマスタカーは、その異常な表現からチベットでは歓迎されなかったが、ネパールでは現在も、この女神を描いたいくつかの作例を見ることができる。

56. ナーローパ流ヴァーラーヒー十三尊曼荼羅

13-deity Vārāhī-maṇḍala
(as transmitted by Nāropa)

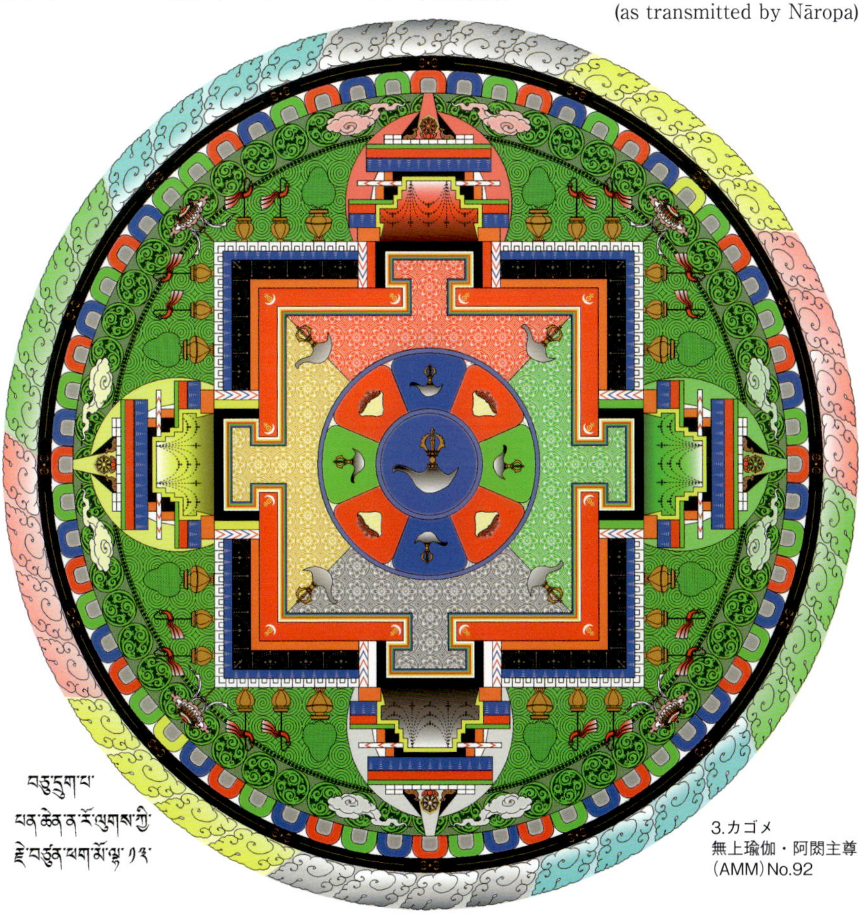

བཅུ་དྲུག་པ་
པཎ་ཆེན་ན་རོ་ལུགས་ཀྱི་
རྗེ་བཙུན་ཕག་མོ་ལྷ་༡༣་

3.カゴメ
無上瑜伽・阿閦主尊
(AMM)No.92

ナーローパは10世紀末から11世紀中葉にかけてインドで活躍した密教行者で、その法系は、チベット仏教カギュー派に伝えられている。ナーローパが創始したヴァジュラヴァーラーヒーの曼荼羅は八葉蓮華の形状で、その華芯にヴァジュラヴァーラーヒー(本作品ではカルトリで示される)を主尊として描き、四方の蓮弁にダーキニー以下の４女尊(本作品ではカルトリで示される)を配し、四維にはカパーラ(髑髏《どくろ》杯)を描く。いっぽう曼荼羅の四門には、カーカースヤー以下の４門衛(ハンビッツ本には描かれていない)、内庭の四隅にはヤマダーヒー以下の４女尊(本作品ではカルトリで示される)を配する。なお本曼荼羅は、母タントラの母系の中では作例数が豊富だが、『ロンタ度量法』はその形状をカゴメ形とし、現存する作例もほとんどがカゴメ形に描いている。ハンビッツ本が、『アビサマヤ・ムクターマーラー』に従って八葉蓮華を採用しているのは注目に値する。いっぽう内庭は、他のサンヴァラ系の曼荼羅と同じく、阿閦《あしゅく》を主尊とする無上瑜伽《ゆが》タントラの塗り分けを採用している。

57. マイトリーパ流ダーキニー九尊曼荼羅

9-deity Ḍākinī-maṇḍala
(as transmitted by Maitrīpa)

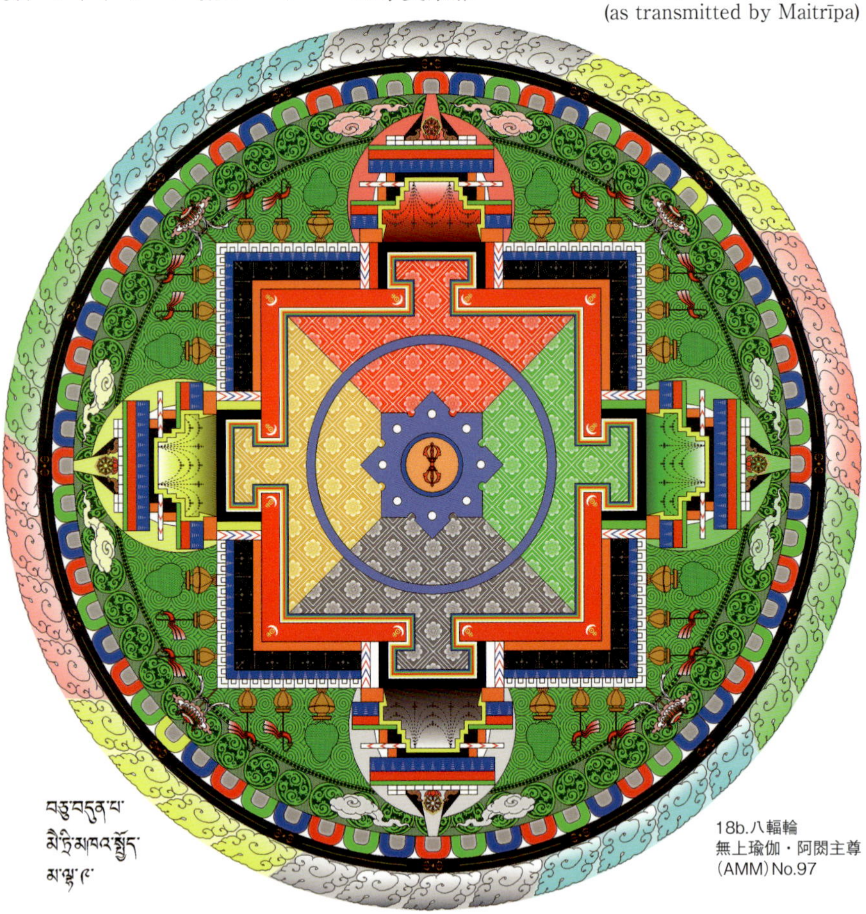

བཅུ་བདུན་པ་
མཻ་ཏྲི་མཁའ་སྤྱོད་
མ་ལྷ་༩་

18b.八輻輪
無上瑜伽・阿閦主尊
(AMM) No.97

マイトリーパは、10世紀末から11世紀前半に活躍したインドの密教行者で、チベット仏教カギュー派の祖師の一人に数えられる。彼が感得したダーキニーを、マイトリの空行母(マイトリ・カチュー)といい、右足を高く挙げた姿勢を特徴とする。本曼荼羅は八輻輪の形状で、その中心にマイトリーパ流のダーキニー(本作品では金剛杵《こんごうしょ》で示される)を描き、八方の輻上にドルジェカンド、シンジェモ、イーシンモ、モンジェーモ、ワンドゥーマ、クンチューマ、クンタクマ、トゥムモ(サンスクリット名が不明なのでチベット訳名を挙げる)の８尊を配する。なおマイトリの空行母は、しばしばチベットの図像集に収録され、信仰を集めたことが知られるが、その曼荼羅は他の曼荼羅集には収録されず、彩色タンカとして描いた作例もほとんど知られていない。

58. 四面ヴァーラーヒー三十七尊曼荼羅　37-deity maṇḍala of 4-faced Vārāhī

བཅོ་བརྒྱད་པ་
ཕག་མོ་ཞལ་
བཞི་མ་ལྷ་༣༧་

13.三重八輻輪
無上瑜伽・阿閦主尊
(AMM)No.98

本曼荼羅は、チャクラサンヴァラ六十二尊曼荼羅(V-19)と同じ三重八輻輪の形状で、その中心に4面12臂《ひ》の主尊ヴァジュラヴァーラーヒー(本作品では金剛《こんごう》杵《しょ》で示される)を描き、四方の蓮弁にダーキニー(東)・ラーマー(北)・カンダローハー(西)・ルーピニー(南)の4女尊、三重の八輻輪に身口意《しんくい》の三密輪に配されるヨーギニー(女尊)のみを配し、これに三昧耶輪《さんまやりん》のカーカースヤー(東)・ウルーカースヤー(北)・シュヴァーナースヤー(西)・シューカラースヤー(南)・ヤマダーヒー(東南)・ヤママタニー(東北)・ヤマダンシュトリー(西北)・ヤマドゥーティー(西南)の8女尊を加える。したがって尊数の総計は37尊となる。『ロンタ度量法』は、本曼荼羅の形状を他のサンヴァラ系と同じ三重八輻輪とするが、ハンビッツ本では白色サンヴァラ二十九尊曼荼羅(M-47)と同じく、三重の八輻輪を法輪ではなく、武器のチャクラを3つ重ねた形状で描いている。いっぽう内庭は、他のサンヴァラ系の曼荼羅と同じく、阿閦《あしゅく》を主尊とする無上瑜伽《ゆが》タントラの塗り分けを採用している。

59. 黒色ヴァーラーヒー五尊曼荼羅　5-deity maṇḍala of Black Vārāhī

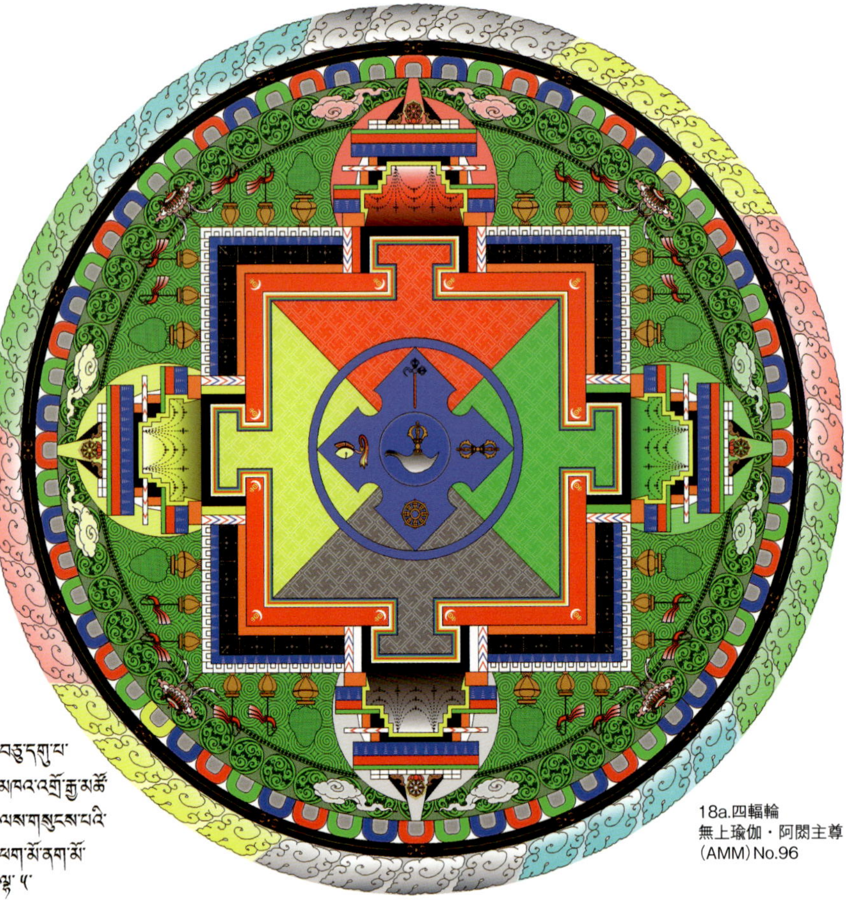

བཅུ་དགུ་པ་
མཁའ་འགྲོ་རྒྱ་མཚོ་
ལས་གསུངས་པའི་
ཕག་མོ་ནག་མོ་
ལྷ་༥་

18a.四輻輪
無上瑜伽・阿閦主尊
(AMM)No.96

サンヴァラの妃で母系(ユムコル)の主尊ともなるヴァジュラヴァーラーヒーは通常、赤色の身色をもつが、黒色の身色をもつ変種が黒色ヴァーラーヒーである。本曼荼羅は四輻輪の形状で、その中心に１面２臂《ひ》の黒色ヴァジュラヴァーラーヒー(本作品ではカルトリで示される)を主尊として描き、四方の蓮弁にローヒー(東、本作品では法輪で示される)・カンダローヒー(南、本作品ではダマル［デンデン太鼓のような楽器］で示される)・ブーチャリー(西、本作品では鉤で示される)・ケーチャリー(北、本作品では金剛杵《こんごうしょ》で示される)を配する。いっぽう内庭は、他のサンヴァラ系の曼荼羅と同じく、阿閦《あしゅく》を主尊とする無上瑜伽《ゆが》タントラの塗り分けを採用している。なお黒色ヴァーラーヒーの曼荼羅は、他の曼荼羅集には収録されず、現在のところ彩色タンカとして描いた作品も見られない。しかし福井市立郷土歴史博物館寄託のコレクションに、黒色ヴァーラーヒーと４尊の眷属《けんぞく》を礼拝用タンカとして描いた作品が存在する。

60. マハーマーヤー(中)五尊曼荼羅　5-deity Mahāmāyā-maṇḍala

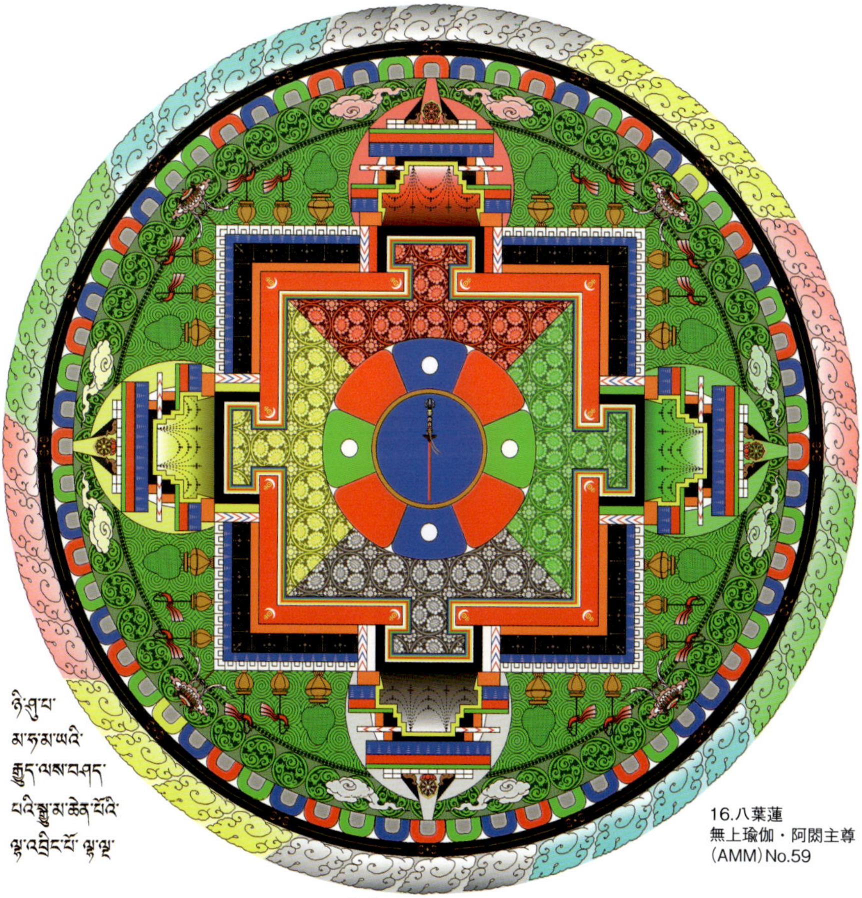

ཉི་ཤུ་པ་
མ་ཧཱ་མ་ཡའི་
རྒྱུད་ལས་བཤད་
པའི་སྒྱུ་མ་ཆེན་པོའི་
ལྷ་འཁྲིང་པོ་ ལྷ་ལྔ་

16.八葉蓮
無上瑜伽・阿閦主尊
(AMM)No.59

『マハーマーヤー』は、無上瑜《ゆ》伽《が》母タントラの一種で、このタントラの主尊ヘールカを通常、マハーマーヤーと呼ぶ。『アビサマヤ・ムクターマーラー』には、3種(広・中・略)のマハーマーヤー曼荼羅が説かれるが、これは中の曼荼羅に相当する。この曼荼羅は八葉蓮華の形状で、その華芯に1面2臂《ひ》でカトヴァーンガ(髑髏《どくろ》杖)とカパーラ(髑髏杯)を持つ主尊マハーマーヤー(本作品ではカトヴァーンガで示される)と妃を描き、四方の蓮弁にヴァジュラダーキニー(東)・ヴィシュヴァダーキニー(北)・パドマダーキニー(西)・ラトナダーキニー(南)を配する。なおハンビッツ本の銘文は、本曼荼羅の尊数を5尊とするが、『パトラ・ラトナマーラー』は、マハーマーヤーの妃を尊数に入れて6尊と数えている。いっぽう内庭は、広(V-33)略(M-61)のマハーマーヤー曼荼羅とは異なり、阿閦《あしゅく》を主尊とする無上瑜伽タントラの塗り分けを採用している。

61. マハーマーヤー(略)五尊曼荼羅　5-deity Mahāmāyā-maṇḍala

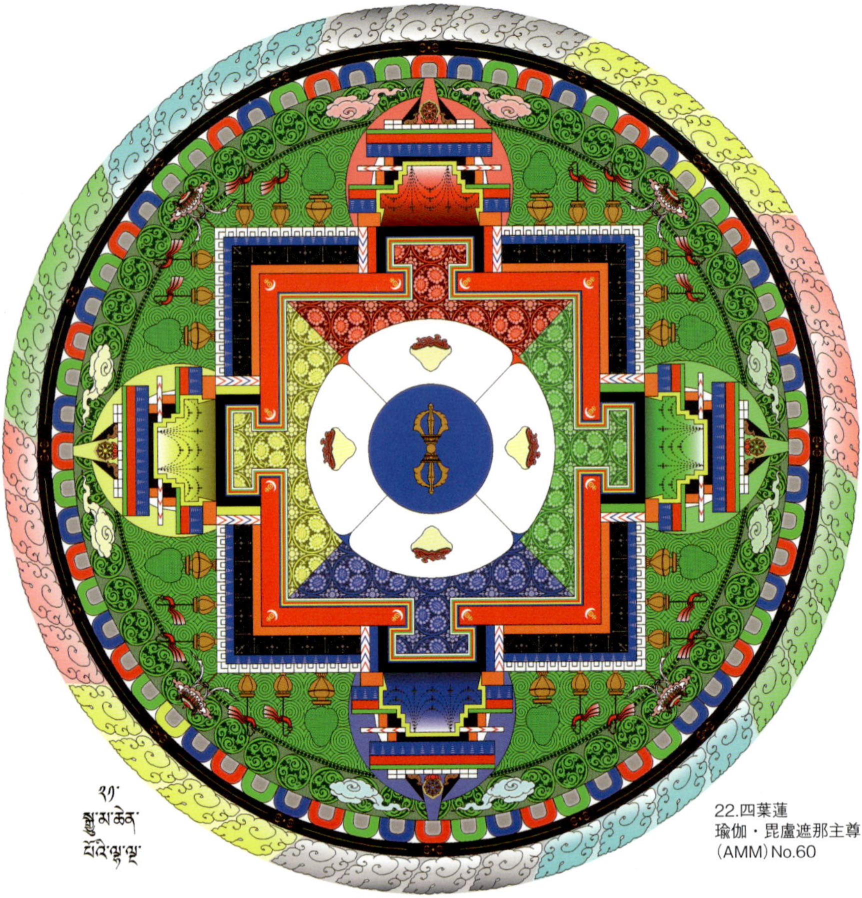

༦༡་
སྒྱུ་མ་ཆེན་
པོའི་ལྷ་ལྔ་

22.四葉蓮
瑜伽・毘盧遮那主尊
(AMM)No.60

『マハーマーヤー』は、無上瑜伽《ゆが》母タントラの一種で、このタントラの主尊を通常、マハーマーヤーと呼ぶ。ただしマハーマーヤーは女性名詞なので、これを男性名詞化したマハーマーヤが正しいという説もある。『アビサマヤ・ムクターマーラー』には、３種(広・中・略)のマハーマーヤー曼荼羅が説かれるが、これは略の曼荼羅に相当する。本曼荼羅は白色の四葉蓮華の形状で、その華芯に１面２臂《ひ》で、金剛杵《こんごうしょ》と鈴を胸前で交え、妃を抱擁する金剛薩埵《さった》(本作品では金剛杵で示される)を描き、四方の蓮弁には尊格を描かず、４個のカパーラ(髑髏《どくろ》杯)を配する。なお『アビサマヤ・ムクターマーラー』と『ロンタ度量法』は、本曼荼羅を独尊曼荼羅としている。いっぽうハンビッツ本の銘文は、カパーラを尊数に入れて５尊とするが、妥当性を欠くように思われる。いっぽう内庭は、『ヴァジュラーヴァリー』所収のマハーマーヤー六尊曼荼羅(V-33)と同じく、毘盧遮那《びるしゃな》を主尊とする瑜伽タントラの塗り分けを採用している。

62. ジナサーガラ十三尊曼荼羅　13-deity Jinasāgara-maṇḍala

༢༢
ཐུགས་རྗེ་ཆེན་པོ་
རྒྱལ་བ་རྒྱ་
མཚོའི་ལྷ་༡༣

16.八葉蓮
瑜伽・毘盧遮那主尊
(AMM)No.88

ジナサーガラは、無上瑜伽《ゆが》タントラ系の観音として、チベットで広く信仰された。『アビサマヤ・ムクターマーラー』によると、その曼荼羅は八葉蓮華の形状で、その華芯に１面２臂《ひ》で、右手に真珠の念珠、左手にウトパラ蓮を持ち、妃の秘密智慧ダーキニーを抱擁するジナサーガラ(本作品では念珠と蓮華で示される)を描き、八方の蓮弁にヴァジュラダーキニー(東)・ラトナダーキニー(南)・パドマダーキニー(西)・カルマダーキニー(北)、四維の蓮弁に金剛・宝・蓮華・羯磨《かつま》の四部の使者(キン)を配する。なお主尊のジナサーガラは、いくつかの図像集に収録されるが、１面２臂と１面４臂、妃を伴うもの、伴わないものと、種々の図像があり一定していない。いっぽう内庭は、主尊が蓮華部の尊格であるにもかかわらず、毘盧遮那《びるしゃな》を主尊とする瑜伽タントラの塗り分けを採用している。これは主尊の四方に配される四部のダーキニーによって、内庭の塗り分けを定めたのではないかと思われる。

63. 馬頭蓮華舞自在十八尊曼荼羅　18-deity Hayagrīva-Padmanarteśvara-maṇḍala

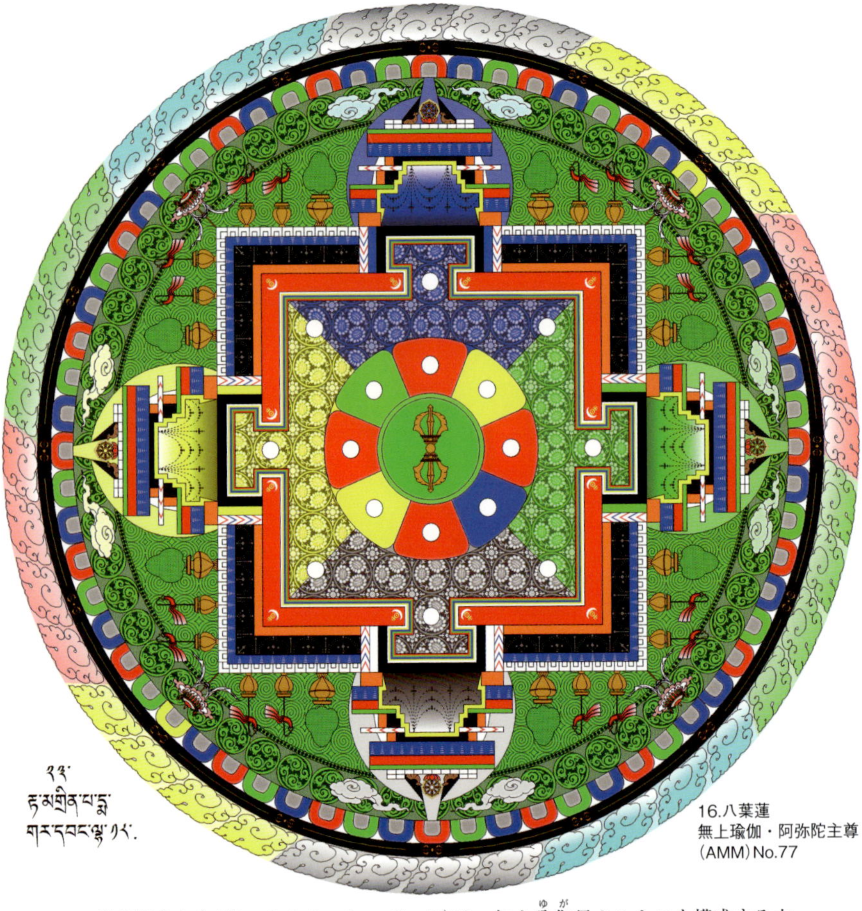

༦༣་
རྟ་མགྲིན་པ་དྨ་
གར་དབང་ལྷ་༡༨.

16.八葉蓮
無上瑜伽・阿弥陀主尊
(AMM)No.77

蓮華舞自在(パドマナルテーシュヴァラ)は、無上瑜伽《ゆが》母タントラを構成する六族の一つ、蓮華舞自在族の主尊である。蓮華舞自在族は、瑜伽や無上瑜伽父タントラの蓮華部に対応し、『アビサマヤ・ムクターマーラー』では、蓮華舞自在を馬頭尊と同躰視している。本曼荼羅は八葉蓮華の形状で、その華芯に3面8臂《ひ》の蓮華部自在(本作品では金剛杵《こんごうしょ》で示される)と妃の白衣《びゃくえ》を描き、その周囲にはヴィローキニー(東)・金剛薩埵《さった》女(東南)・イーシュヴァリー(南)・宝薩埵女(西南)・ブリクティー(西)・蓮華薩埵女(西北)・ターラー(北)・種々女(東北)の8女尊を配する。なおこの8尊の中には、六族を説く『サマーヨーガ・タントラ』の蓮華舞自在曼荼羅と共通の眷属《けんぞく》が3尊含まれている。さらに内庭の四隅には香華灯塗の外四供養、四門には鉤索鏁鈴《こうさくされい》の四摂(女尊)が配されるので、全体の尊数は妃の白衣を含めて18尊となる。いっぽう内庭は、蓮華部自在族が蓮華部に対応するため、無上瑜伽タントラの主尊阿閦《あしゅく》を阿弥陀《あみだ》に換えた塗り分けを採用している。

64. スーリヤグプタ流二十一種ターラー曼荼羅

Maṇḍala of 21 types of Tārā
(as transmitted by Sūryagupta)

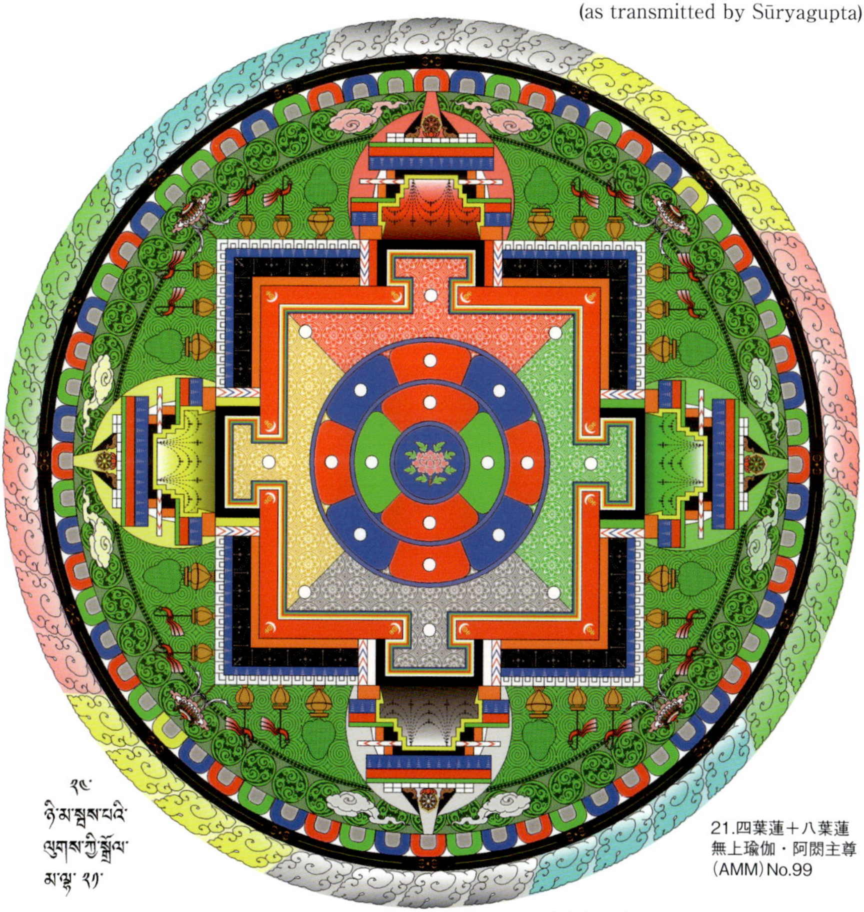

༢༥་
ཉི་མ་སྦས་པའི་
ལུགས་ཀྱི་སྒྲོལ་
མ་ཉེར་ ༢༡་

21.四葉蓮＋八葉蓮
無上瑜伽・阿閦主尊
(AMM)No.99

二十一種ターラー菩薩(ドルマ・ニェルチク)は、『聖《しょう》救《く》度《ど》仏《ぶつ》母《も》二十一種礼讃《らいさん》経』に説かれる21偈の讃の一々について、その尊徳にふさわしいターラー菩薩の図像を定めたものである。二十一種ターラーには、21の化身《けしん》すべてがほぼ同一の1面2臂《ひ》像となる「アティーシャ流」、21化身の中に多面多臂像を含む「スーリヤグプタ流」など、種々の流儀があるが、本曼荼羅は、このうちスーリヤグプタ流に基づいている。その中心部は四葉と八葉の二重蓮華の形状で、四葉蓮華の華芯に、身色赤色で1面8臂のターラー菩薩(作品では赤色蓮華で示される)を主尊として描き、四葉蓮華と八葉蓮華の弁上に1尊づつ、内庭の四隅と四門に各1尊の合計20尊を配する21尊形式である。なお『アビサマヤ・ムクターマーラー』には、21種ターラーの各々の尊名は与えられていないが、本尊の図像はスーリヤグプタ流の①救度速勇母に一致する。それから四葉蓮の上に②百秋朗月母(東)、③紫磨金色母(南)、④如来頂髻母(西)、⑤怛羅吽字母(北)の順で21種ターラーを配するが、一部のターラーの図像に関しては、スーリヤグプタ流の規定を改めていることがわかる。

65. 四臂《しひ》マハーカーラ九尊曼荼羅　9-deity maṇḍala of 4-armed Mahākāla

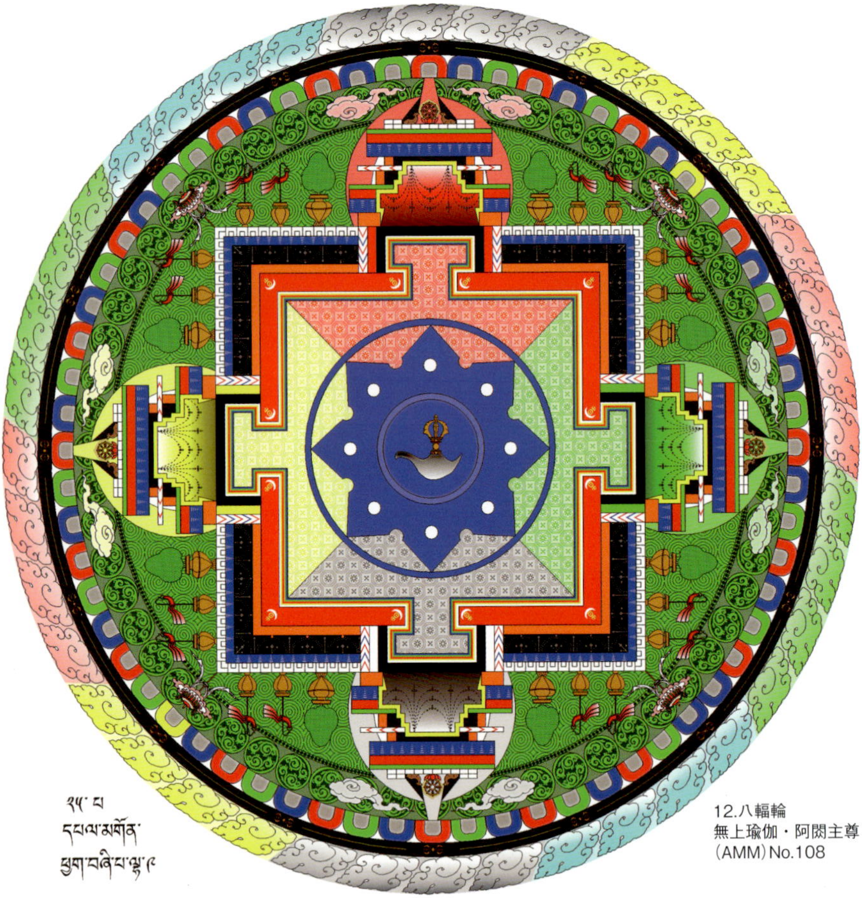

༦༥་པ
དཔལ་མགོན་
ཕྱག་བཞི་པ་ལྷ་༩

12.八輻輪
無上瑜伽・阿閦主尊
(AMM)No.108

『アビサマヤ・ムクターマーラー』の最後を飾るのは、四臂マハーカーラの曼荼羅である。ミトラヨーギンが、マハーカーラの曼荼羅を最後に置いたのは、最も有力な護法尊であるマハーカーラによって、一連の曼荼羅を封印する意図があったと推定される。本曼荼羅は八輻輪の形状で、その中心に四臂マハーカーラを描く。『アビサマヤ・ムクターマーラー』によれば、八方の輻上には烏頭女(チャロクマ)等の８人のダーキニーが配されるが、一々の尊名は説かれていない。なおハンビッツ文化財団には、四臂マハーカーラ九尊曼荼羅の彩色タンカが所蔵されるが、そこに描かれる８人のダーキニーは、いずれも鳥獣の頭をもっている。また「ゴル曼荼羅集」にも、四臂マハーカーラの曼荼羅(No.128)が収録されるが、本曼荼羅と諸尊の配置が異なっている。いっぽう内庭は、阿閦《あしゅく》を主尊とする無上瑜伽《ゆが》タントラの塗り分けを採用している。

◎参考文献◎

①一次資料

Lokesh Chandra : *Vajrāvalī*, Śata-piṭaka Vol.239, New Delhi 1977.

B.Bhattacharyya : *Niṣpannayogāvalī*, Baroda 1972.

Yong-hyun Lee（李龍賢）: The Niṣpannayogāvalī by Abhayākaragupta, Seoul 2003.

Patraratnamālā, 中国蔵学研究中心編『丹珠爾』（対勘本）第47巻,北京 1999,pp.963-968.

Abhisamayamuktāmālā, *ibid*., pp.969-1079.

Roṅ tha, Blo bzaṅ dam chos rgya mtsho: *rDor phreṅ daṅ mi tra sogs dkyil chog rnams las 'byuṅ ba'i yi dam rgyud sde bźi yi dkyil 'khor so so'i naṅ thig mi 'dra ba'i khyad par bźad pa bzo rig mdzes pa'i kha rgyan*, 1978 Delhi.

Mi tra daṅ rdor phreṅ gi lha tshogs kyi gtso bo'i sku brñan mthoṅ ba don ldan, 1985 Delhi.

②ハンビッツ本について

Kimiaki Tanaka : *Art of Thangka*, Vol. 2, Seoul 1999.

田中公明『チベット仏教絵画集成—タンカの芸術—』第２巻（臨川書店、2000年）

田中公明『タンカの世界—チベット仏教美術入門—』（山川出版社、2001年）

③チベットの曼荼羅一般

田中公明『曼荼羅イコノロジー』（平河出版社、1987年）

田中公明『インド・チベット曼荼羅の研究』（法藏館、1996年）

④『ヴァジュラーヴァリー』曼荼羅集について

森雅秀「ツィンマーマン・コレクションのヴァジュラーヴァリー四曼荼羅—チベットにおけるマンダラ伝承の一事例—」（『美術史』第145冊、1998年）

森雅秀「「ヴァジュラーヴァリー・マンダラ集」第14番の概要」（『高野山大学論叢』第33巻、1998年）

森雅秀「『ヴァジュラーヴァリー』所説のマンダラ—尊名リストおよび配置図—」（『高野山大学密教文化研究所紀要』第14号、2001年）

⑤「ミトラ百種」曼荼羅集について

田中公明「ミトラヨーギンの百種曼荼羅集とその図像—ハンビッツ文化財団所蔵の巻子本を中心にして—」（『マンダラの諸相と文化』法藏館、2005年）所収。

森雅秀「ミトラヨーギン著『アビサマヤ・ムクタ・マーラー』所説のマンダラ」（『密教学研究』31、1999年）

森雅秀「『アビサマヤ・ムクタ・マーラー』所説の108マンダラ」（『高野山大学密教文化研究所紀要』第12号、1999年）

⑥コンピュータ・グラフィクスの曼荼羅

「ミトラヨーギンの108曼荼羅—コンピュータ・グラフィックを用いた曼荼羅の図像データベース—」（高徳寺『仏教通信』第28号、平成19年）

Kimiaki Tanaka : How to Preserve Iconography : An Image Database of Maṇḍalas Using Computer Graphics, *Buddhism and the 21st Century*, New Delhi 2007.

◎曼荼羅名索引◎

あ行

か行

さ行

た行

な行

は行

ま行・や行

ら行

◎曼荼羅集の原本所蔵者ハンビッツ文化財団について◎

本曼荼羅集の原本(ハンビッツ本)を所蔵するハンビッツ文化財団は、韓国で薬品・化学関係の事業を興した実業家、韓光鎬(ハンクァンホ)氏によって創立された。韓氏は、仕事で訪れたロンドンで、たまたまチベットの仏画を購入したことが機縁となり、チベット美術の蒐集をライフワークとするようになった。そしてそのコレクションは、毎年のように膨張をつづけ、現在その総数は、チベット美術だけで2500点、ついに日本はもとより、欧米の一流コレクションをもしのぐ規模となった。

著者は1996年に、故江上波夫博士の推薦により、財団所蔵のチベット美術の整理とカタログの編集を委嘱され、同財団の公式図録『Art of Thangka』(日本語版『チベット仏教絵画集成』[臨川書店])は、2007年現在、第5巻まで刊行されている。そして1999年9月には、ソウル市内に財団が運営するファジョン(和庭)博物館がオープンし、開館記念展「チベットの美術」が開催された。さらに2001年から翌年にかけて、財団のコレクションから90点ほどの優品を集めた「タンカの世界」展が日本5会場を巡回し、都合53000人の観衆を動員した。

その後も財団は、2003年9月に大英博物館で「Tibetan Legacy」展を開催するなど、活発な活動を続けてきたが、旧ファジョン博物館はスペースに限界があり、厖大なコレクションのごく一部しか展示・保管できないという問題があった。そこで財団では、市

内の高級住宅地ピョンチャンドン（平倉洞）に大規模な収蔵庫を備えた鉄筋コンクリート４階建ての博物館を建設し、2006年５月に一般公開した。博物館は、一階がチベット美術、二階は企画展のためのスペースとなっている。なお曼荼羅集の原本は常時展示されているわけではないので、現在の展示については、財団に直接、お問い合わせいただきたい。

連絡先　大韓民国ソウル特別市鐘路区平倉洞273-1
ハンビッツ文化財団Hahn Cultural Foundation
電話：+82-2-2075-0114　Fax：+82-2-2075-0130
E-mail：hahnbit@chol.com
http://www.hjmuseum.or.kr

◎瞑想の郷について◎

富山県利賀《とが》村「瞑想の郷」は、チベット・ネパール仏教美術を中心とした日本で唯一の公立テーマパークとして、1990年に設立された。当初は村営だったが、現在は旧利賀村(現在は合併により南砺《なんと》市となる)の出資する第三セクター「利賀ふるさと財団」が管理している。主な展示物は、利賀村の姉妹村であるネパール王国ツクチェ村出身の仏画師、サシ・ドジ・トラチャン氏が描いた5メートル四方の巨大な曼荼羅4点と、極楽浄土図、十一面千手観音などで、展示館(2棟)だけでなく、売店・レストラン・宿泊施設・会議室も完備している。著者(田中公明)は、サシ氏の初来日(1989年)以来、利賀村の曼荼羅プロジェクトに関わり、1997年からは主任学芸員として企画展の立案も担当した。さらに2006年7月からは、本書で紹介したミトラの108曼荼羅のCGが、瞑想の郷の常設展示に加わった。なお定休日は水曜、また日本でも屈指の豪雪地帯にあるため冬期(12月～4月中旬)は休館する。見学・宿泊を希望される方は、下記へ連絡をいただきたい。

連絡先　〒939-2514　富山県南砺市利賀村上畠
電話：0763-68-2324、FAX：0763-68-2326
http://www1.tst.ne.jp/meisou/　E-mail:meisou@p1.tst.ne.jp

◎チベット文化研究会について◎

チベット文化研究会は、日本におけるチベット文化の正しい理解と普及を目的として、1972年に発足した。2007年4月現在の会長は川喜田二郎、所長はペマ・ギャルポ(桐蔭横浜大学教授)である。研究会の主な活動は、チベット文化全般(宗教、美術、言語、歴史、習慣、民族学的、文化人類学的特色、その他)に関する研究と、チベット人とチベット文化に関する日本人の理解を深めることを目的としている。著者(田中公明)は、1991年8月以来、同研究会の学術顧問として活動を続けている。また日本在住のチベット人が講師を務める、チベット仏教、チベット語(口語)、チベット仏画(タンカ)の講座も開設されている。なお2006年からは、著者が講師を務めるインド・チベット仏教の講座が、著者の本務先である(財)東方研究会との共催で行われている。なお2007年度は、本書の刊行を記念して、4月から「曼荼羅の世界」を開講する予定である。チベット仏教、文化に興味のある方は、会員制度(正会員、準会員、賛助会員、維持会員)があるので、研究所へ連絡をいただきたい。

連絡先　〒141-0031　東京都品川区西五反田2-12-15-401
電話：03-5745-9889、FAX：03-3493-3883
http://www16.ocn.ne.jp/~tcc/

田中公明（たなかきみあき）
1955(昭和30)年2月15日。福岡県生まれ。1979年東京大学文学部卒(印度哲学専攻)。1984年同大学大学院博士課程満期退学。東京大学文学部助手(文化交流)を経て、1988年㈶東方研究会研究員・東方学院講師、ハンビッツ文化財団(ソウル)学術顧問、利賀ふるさと財団「瞑想の郷」主任学芸員、チベット文化研究会学術顧問、東京大学(1992、1994-1996、2001-2006)、慶應義塾大学(2001-2007)、早稲田大学[エクステンション・センター](2006)、拓殖大学(1994、1998)、三重大学(1995)で講師[いずれも非常勤]、北京日本学研究センター(2003)で短期派遣教授を歴任。ネパール留学(1988-89)、英国オックスフォード大学留学(1993)ほか、10数次にわたってチベット仏教圏を調査。インド・チベット・ネパールの仏教と美術に関する著作論文多数。(本書参考文献を参照)

田中公明の著書、論文等の新刊・重版案内、正誤訂正、講義・講演等の情報は、個人ホームページをご覧下さい(毎月更新しています)。
http://www.geocities.jp/dkyil_hkhor/

曼荼羅《まんだら》グラフィクス

2007年3月20日　1版1刷　印刷
2007年4月10日　1版1刷　発行

著　者　田中公明《たなかきみあき》
発行者　野澤伸平
発行所　株式会社　山川出版社
〒101-0047　東京都千代田区内神田1-13-13
電話　03(3293)8131(営業)　8134(編集)
http://www.yamakawa.co.jp/
振替　00120-9-43993
印刷所　ニューカラー写真印刷株式会社
製本所　株式会社オービービー
装　幀　辻恵里子

ISBN978-4-634-64026-9